教育目標を
デザインする

授業設計のための新しい分類体系

R. J. マルザーノ・J. S. ケンドール 著

黒上晴夫・泰山 裕 訳

北大路書房

THE NEW TAXONOMY OF EDUCATIONAL OBJECTIVES, 2nd Edition

By Robert J. Marzano & John S. Kendall

Original English language edition published in the United States, London and New Delhi by Corwin Press, A Sage Publications Company
Copyright ©2007 by Corwin Press
Japanese translation published by arrangement with Corwin Press, A Sage Publications Company through The English Agency (Japan) Ltd.

■訳者はじめに

■教育目標とは何か

　目標とは，なしとげようとする事柄である。子どもの変容からすれば，望ましい状態の記述やそのイメージがそれにあたる。教育の大きな目標は，子どもが自立した人としてしっかり成長することだが，それはあまりにも大局的である。学校教育の1年間に，何をどこまで身につけさせたいかという目標が，各教科ごとにある。学習指導要領は，学年（あるいは複数学年）ごとに身につけさせるべき内容を規定している。それを読めば，教科によってちがいはあるものの，「成長」よりはかなり具体的な目標についてのイメージをもつことができる。

　しかし，実際の授業と学習指導要領の間には，まだ距離がある。学習指導要領に基づいて教科書が編纂されている。教科書には，学習活動や課題，演習問題等が掲載されている。明示はされていなくても，それらは習得させるべき内容と結びついていてきわめて具体的である。これを授業で使うのだから，授業では具体的な教育目標にしたがって指導されていることになる。ところが，授業は教科書の内容を教えるのではなく，教科書も使いながら子どもとつくっていくものである。子どもは一人ひとりちがっていて，教師の考え方もまたちがう。だから，同じ内容を扱う授業でも，ちがった授業になる。授業のそれぞれに，異なるデザインが必要なのだ。

■授業のデザイン

　「授業デザイン」という言葉がよく使われるようになってきた。英語では，インストラクショナル・デザインである。これは，授業を一定の手順に従って設計するプロセスである。たとえば次のような手順になる。

- 教育目標の明確化：学習終了時に何ができていればいいかを明確にする
- 教育目標の構造化：最終目標に至る下位目標の系列を設定する
- 学習者の状態把握：学習者のレディネス，興味・関心などの把握
- 学習課題の決定：下位目標に対応する学習課題を設定する
- 学習活動の決定：学習課題を学習するための活動を決定する
- 評価方法の決定：学習成果を診断する方法や問題を決定する

　これをみてもわかるように，授業で提示される課題，学習者が行なう学習活動，学習の成果を測る方法はすべて，教育目標を明確化し構造化することを起点にしている。

■教育目標の分類体系

　教育目標を内容の一覧とみると，学習の進捗をみる主要な観点は，内容を記憶した割合や再現率である。しかし，実際には内容をどう理解したのかなど，内容の一覧には含まれないことが目標となる。これらを明確にとらえる契機が，ブルームの教育目標の分類体系だった。

　1956年に上梓された教育目標の分類体系は，恣意的に行われていた評価を比較可能にすることを目的としていたが，そのために構造化された目標の体系は，カリキュラムや授業を設計するときに欠かせないツールとなった。

　しかし，「情意的領域」の分類体系まで8年かかり，また当初想定されていた「精神運動領域」の分類体系はブルーム自身による公開はされず，いくつかの提案がなされたままだ。このこともあり，実際にカリキュラムや授業の設計に用いられてきたのは，「認知的領域」の分類体系のみだった。

　その後，認知的領域について，アンダーソンらによって改訂が行なわれる。アンダーソンのものは，独自の開発ではなく，あくまでブルームの分類体系をよりわかりやすく，また批判を乗り越えるように改訂したものである。現在，ブルームの分類体系に用語の違いがあるのはこのような事情からである。

　そして，マルザーノである。マルザーノは，ブルームの3つの領域を教育目標として包括する枠組みを提案し，多くの学校や教育委員会で使われ始めている。

■3つのシステム

　ごく簡単に解説しておくと，マルザーノは教育目標に認知システム，メタ認知システム，自律システム，という3つの網を被せた。そして，それぞれのシステムが，情報，心的手続き，精神運動手続きのそれぞれを処理することになる。2つの次元が交差するこのモデルによって，たとえばブルームでは分離されていた認知的領域と情意的領域がクロスする。具体的に見ると，認知的領域と関連が深いのは認知システム，情意的領域と関連が深いのは自律システムだが，認知システムに含まれる知識をどこまで向上させたいかという意欲を自己検討することが，教育目標となる。

　日本でも授業のデザインと関連して，教育目標のデザインへの関心も高まってきているが，ブルームに端を発する分類体系とは少し視点の違うこの枠組みが，どのような成果を生むのか，楽しみである。

黒上晴夫

■序　文

　『教育目標の分類体系』(Bloom, Engelhart, Furst, Hill, & Krathwohl) が刊行されたのは約半世紀前である。その後，ブルームの分類体系を改訂して，人間の思考や知識の構造についての最新の知見を取り入れようとする試みが何度も行われた。この本は，それらの試みを代表するものとして，これまでのものにもまして教育者にとって実用的なものとなるように書かれている。

　実は，この書は，2001 年に出版した『新しい教育目標分類体系をつくる：Designing a New Taxonomy of Educational Objectives』(Marzano, 2001) の後継版である。このタイトルが示すように，2001 年版は新しい分類体系の開発に向けた最初のステップであり，「進行中」であった。したがって，「知識の性質と人間が情報処理をするやり方についての，現時点で入手できる最高の知見を取り入れたにもかかわらず，新しい分類体系はまちがいなく何度も改訂されるだろう (p. 130)」と記した。出版以来，その知見は各所で用いられ，さまざまな現場で多様な利用者によって試されてきた。この本『教育目標をデザインする―授業設計のための新しい分類体系：The New Taxonomy of Educational Objectives』は，2001 年版の改訂版である。そしてタイトルが示すように，完成版として世に問うものである。

　この本に収められた新しい分類体系は，2001 年版と共通した枠組みを多く含んでいる。しかしながら，大きく変わった部分もある。一つは，Anderson ら (2001) によるブルームの分類体系の改訂版を超えて，教育者にとっての実用的なツールとなるように記していることである。もう一つは，より明確に，(1)教育目標の分類とデザインのための枠組みとして，(2)評価をデザインする枠組みとして，(3)教育者が規準を書き表しやすくするツールとして，(4)カリキュラムをデザインする構造として，(5)思考スキルのカリキュラムの基盤として，新しい分類体系の適用方法を示していることである。教育者たちが，この新分類体系を用いて，教育を効果的に，学習を深いものにしてくれることを願う。

●筆者について●

ロバート・マルザーノ（Robert J. Marzano）

ロバート・マルザーノ博士は，北米大陸中部教授・学習研究所（McREL：コロラド州オーロラ市）主席研究員，カーディアル・ストリッチ大学（ウィスコンシン州ミルウォーキー市）准教授であり，マルザーノ事務所（センテニアル市）代表でもある。25冊の著書をもち，150本の論文および章の執筆をしている。また，100種類のK-12向けカリキュラム教材セットの開発も行なった。主著は以下のとおりである。

「学校で使える知見は何か：研究から実践へ」
「機能する学校経営」
「学業成績をつくる背景知識の構築」
「機能する教室経営」
「機能する授業」
「機能する評価と評定」
「新しい授業：学習の諸次元に基づく授業」

公教育に関わる35年の経歴の中で，マルザーノはすべての州に加えて，ヨーロッパやアジアの諸国においても講演多数。業績の中核テーマは，研究や理論をK-12の教師や管理職にとって実際に使えるプログラムやツールとして提供することである。

ジョン・S・ケンドール（John S. Kendall）

McREL主任理事で，学校，教育区，州，その他の組織に対する基準開発・提供に関する技術支援部門を担当する。アチーブ社，カレッジボード（SATの実施機関），NASAジェットポピュレーション研究所を顧客に持つ。

McRELにおいて17年間，研究助手，プログラム開発，主任理事を歴任し，教育規準の開発・改善において国際的に認められたエキスパートで，50以上の教育区，14の各州教育部，合衆国および外国での教育機関のコンサルティングを行なっている。

『内容知識：K-12の教育規準概要』筆頭執筆者であり，その他に6冊の著書と，American School Board Journal，教育監査カリキュラム開発連盟，全米教育委員会連盟等により発行された，30以上のモノグラフ，技術資料，論文の著者，あるいは共同執筆者である。

ケンドール氏はコロラド大学において修士号を取得。現在の研究，技術支援の焦点は，授業におけるパフォーマンス規準，学校経営者のための教育規準を依頼者とともに開発することである。また，学習を助ける知識・技能の明確化にも取り組んでいる。

目次

訳者はじめに　　i
序　文　　iii
筆者について　　iv

1章　ブルームの分類体系を再考する　　1

ブルームの分類体系の利用小史　　2
ブルームの分類体系：その概要　　4
　1.00　知　識　　5
　2.00　理　解　　5
　3.00　応　用　　6
　4.00　分　析　　7
　5.00　総　合　　7
　6.00　評　価　　7
ブルームの分類体系の問題点　　8
その他の分類体系　　9
新分類体系の理論的基礎　　10
3つの認知システムと知識の領域　　12
新分類体系の概要　　13
新分類体系，ブルームの分類体系，およびアンダーソンの改訂版　　15
　要　約　　19

2章　知識領域　　21

領域としての知識　　22
情報の領域　　23
心的手続きの領域　　27
精神運動手続き　　30
ブルームの分類体系との関連　　32
　要　約　　33

3章　3つの思考システム ……… 35

　記　憶　35
　レベル1：取り出し（認知システム）　36
　　ブルームの分類体系との関係　39
　レベル2：理解（認知システム）　39
　　統　合　40
　　象徴化　40
　　ブルームの分類体系との関係　42
　レベル3：分析（認知システム）　44
　　比　較　44
　　分　類　45
　　エラー分析　45
　　一般化　47
　　具体化　49
　　ブルームの分類体系との関係　49
　レベル4：知識の活用（認知システム）　50
　　意思決定　50
　　問題解決　50
　　実　験　51
　　調　査　51
　　ブルームの分類体系との関係　52
　レベル5：メタ認知　52
　　目標の具体化　52
　　プロセスモニタリング　53
　　明瞭性と正確性のモニタリング　53
　　ブルームの分類体系との関係　54
　レベル6：自律システム　54
　　重要性の検討　54
　　有効性の検討　55
　　感情状態の検討　56
　　全体的な意欲の検討　57
　　ブルームの分類体系との関係　58
　新分類体系における階層構造の再検討　58

知的操作としての新分類体系　　59
　　　　要　約　　61

4章　新分類体系と３つの知識領域 ……………………… 63

　　レベル１：取り出し　　64
　　　再　認　　64
　　　再　生　　66
　　　実　行　　68
　　レベル２：理　解　　69
　　　統　合　　70
　　　象徴化　　72
　　レベル３：分　析　　76
　　　比　較　　76
　　　分　類　　79
　　　エラー分析　　81
　　　一般化　　83
　　　具体化　　86
　　レベル４：知識の活用　　88
　　　意思決定　　88
　　　問題解決　　90
　　　実　験　　93
　　　調　査　　95
　　レベル５：メタ認知　　97
　　　目標の具体化　　97
　　　プロセスのモニタリング　　98
　　　明瞭性のモニタリング　　100
　　　正確性のモニタリング　　102
　　レベル６：自律システム思考　　103
　　　重要性の検討　　103
　　　有効性の検討　　104
　　　感情状態の検討　　105
　　　意欲の検討　　107
　　　要　約　　109

5章　目標，評価，規準を決める新分類体系 …………………… 111

教育目標　　111
新分類体系にはできない事前の目標設定　　116
評価をデザインするツール　　118
　選択肢方式　　121
絵，グラフィックオーガナイザー，図式，グラフ　　123
作文，口頭報告　　127
パフォーマンス課題　　130
教師の観察　　132
規準の活用を進めるしくみ　　134
　要　約　　141

6章　カリキュラムと思考スキルの枠組みとしての新分類体系 ………… 143

カリキュラムデザインの枠組み　　143
　アプローチ1：知識に焦点を絞る　　144
　アプローチ2：問題に焦点を絞る　　144
　アプローチ3：学習者の探究に焦点を絞る　　145
　ツールとしての3つのアプローチ　　146
思考スキルカリキュラムのための枠組み　　146
　レベル1：取り出し　　147
　レベル2：理　解　　148
　レベル3：分　析　　149
　レベル4：知識の活用　　153
　レベル5：メタ認知　　156
　レベル6：自律システム思考　　159
　要　約　　161

あとがき　　163
参考文献　　164
人名索引　　174
事項索引　　176
新分類体系を活かす──訳者あとがきにかえて　　179

1章｜ブルームの分類体系を再考する

　1956年に，『教育目標の分類体系：教育目標の分類ハンドブックⅠ，認知的領域』と題された小さな専門書が出版された（Bloom et al., 1956）。50年以上経過して，「ブルームの分類体系」は，この本の編集者であるベンジャミン・ブルームの名前と同じくらい参照され，すべての教科，すべての学年で使われてきた。そのめざすところは，教育者が学習目標を階層構造的にデザインするための体系を示すことであった。

　この書は，教育目標の分類体系を構築することをめざしている。それは，教育のしくみの中に，階層的に整理された教育目標を導入しようとする試みである。その成果は，カリキュラムや評価の問題をかかえるすべての教師，学校経営者，教育専門家，研究者に幅広く役立つだろう（p.1）。

ブルームの分類体系が50年を経た今でも使われているということは，その教育や心理学領域への貢献の証しと言えるだろう。実際，「ブルームの分類体系：40年間の回想」と冠した全米教育研究協会（NSSE）の年鑑93号は，その影響について次のように述べる。

　過去半世紀間で最も影響力のあった教育モノグラフの一つは，ほぼ間違いなく『教育目標の分類体系：教育目標の分類ハンドブックⅠ，認知的領域』だろう。1956年にこの本が刊行されてほぼ40年経った今でも，テストや評価，カリキュラム開発，教授，教師教育などの分野の必読書である。最新の社会科学引用文献インデックス（1992）では，このハンドブックの引用が150以上見られる。最近の約200名の管理職と教師を集めた会合で，この書の筆頭編集者は，次の質問への挙手を求めた。「ブルームの分類体系を知っていますか？」ほぼ全員の手が挙がった。このように長期的に人気の高い教育書は，他に類を見ない（Anderson & Sosniak, 1994, p. vii）。

ブルームの分類体系のさまざまな利用方法や分析について興味がある読者は，1994

年の NSSE の年鑑を参照されたい。しかし，概要を知っておくのも悪くない。

ブルームの分類体系の利用小史

　過去 50 年あまりの教育に関わる指標を精査してみれば，ブルームの分類体系は教育理論や教育実践に，常にではないにしても，大きな影響を与えてきたことがわかる。Peter Airasian (1994) によれば，Robert Mager (1962) の『教育目標の準備』の発刊後，国家的な規模に広がった教育目標（明確化）運動に，この体系はちょうど呼応したという。Mager の本は，認知的な課題は順序よく系列として並べることができるという前提に立って，プログラム学習を開発するために書かれていた。Airasian (1994) は，「この類似性によって，ブルームの分類体系は プログラム学習の系列を開発するのに重要なツールだと考えられる。ある意味，実際にそうなった」(p. 87)。Edgar Dale (1967) の解説によれば，ブルームの分類体系は，初期のプログラム学習の多くが依拠した枠組みであった。しかし，Airasian (1994) は，それは究極的にはプログラムされた学習を概念的に整理するためにガニエ (1977) が示した枠組みによって置き換え可能であるという。ガニエのものは，ブルームのものに比べると階層性が低いが，授業実践に落とし込みやすい。

　ブルームの分類体系がカリキュラムに与えた影響はそう多くはないが，評価には大きな影響を与えた。1970 年までに，Ralph Tyler の評価モデルが確立されていた。Tyler は，明確化した目標がどれだけ達成されたかに基づいてプログラムや教育活動を評価する目標準拠評価を提案した (Tyler のモデルについての議論は，Madaus & Stufflebeam, 1989 を参照のこと)。目標を正確に記述すればするほど，そのプログラムは正しく評価される。ブルームの分類体系は，それまで行なわれていなかった到達規準の詳細な記述による目標準拠評価に向けた強力なツールであることが明らかであった。

　ブルームの分類体系はまた，「計画，プログラム，予算システム (PPBS)」と呼ばれる評価モデルの発案者にとっても有用なツールであることが明らかになった。はじめにペンタゴンで使われたとき，PPBS は Tyler の目標準拠評価の方法を遵守していた。最初にプログラムがめざす結果を明確に記述し，プログラムの終了時にそれがどの程度まで達成できたかを測定した。このシステムは，リンドン・ジョンソン大統領が貧困対策として打ち出した 1965 年の初中教育法 (ESEA) の主要なツールとして採用されたことによって，教育界で有名になった。この法律の第一条により，低所得階層の子どもを多くかかえる学校に対して，低学力者に対する補習費用として予算が配分された。Airasian (1994) は，「歴史上初めて，年間 1 億ドル以上の巨額な予算が，

不利を背負った子どもたちの教育ニーズを満たすために地方教育区につぎ込まれたのだ」(p. 89) と言う。第一条によって学校が活用できる財政の規模が大きかったため，その予算が適切に使われたことの報告を求める政治家たちが現れた。そして，徐々にPPBSは，第一条を評価の基準にするようになり，それにしたがってブルームの分類体系がプログラムの目標を明確化するためのシステムとなっていった。

　1970年代は，州テストの黎明期でもある。全学習者を対象としたテストを実施している州は，1960年には1州だけだったが，1985年までに32州に増えた。ほとんどすべての州テストが限られた教科の一部のトピックの習得状況を把握するためにつくられており，そしてすべてのテストが一部だけであっても，さまざまなスキルの水準を定義するのに，実質的にブルームの分類体系を利用していた。1970年代半ば過ぎまでには，州テストは最低到達規準アプローチを取り始めた。Airasian (1987) が言うように，最低到達規準テストは，少なくとも3つの意味で一般的な形式とは異なっている。(1)従来の州テストが標本抽出テストだったのに対して，すべての学校，ひいては実質的に全学習者を対象とした強制テストであった。(2)この強制によって，テストの選択，実施方法，採点，解釈に関する地方教育区の裁量権が，全部ではないにしてもかなり奪われた。(3)一定の成績を残せない場合，制裁が組み込まれていた。そしてここでも，ブルームの分類体系が，低レベルの基礎的スキルの測定項目と，いわゆる高次レベルのスキルの測定項目をつくるためのモデルとして広く用いられたのである。

　1980年代になると，高次思考力が強調され始めた。ブルームの分類体系の検証のための研究が行なわれる（後述）と同時に，その改訂の必要性が持ち上がったのは，この動きの中である。思考や推論のスキルを教える必要性を訴える大量の書籍，論文，レポートが著された。その先鋒として，連邦教育委員会 (1982) や大学入学試験委員会 (1983) は，思考を教える必要性を強調した。『危機に立つ国家』（連邦教育委員会，1983）のような強いインパクトのある報告書が，高次思考力の欠如をアメリカの教育の弱点だと指摘した。広く読まれている *Educational Leadership* や *Review of Educational Research* は，1巻まるごとこのトピックにあてたほどだ（Brandt, 1986 と Glasman & Pellegrino, 1984 のそれぞれを参照）。これらの出版物の多くが，子どもたちが高次問題に解答できないし，知識を活用できないことを立証している。

　1984年の5月に，カリキュラム開発および監査連盟（ASCD）が，ウィスコンシン州ラシーンのウィングスプレッド会議センターで，子どもが高次思考を必要とする課題を解決できないという問題にどのように対処するかについての会議を開いた。この会議の示唆の1つが，ブルームの分類体系をアップデートして知識の性質，認知の特質についての新しい研究や理論を組み込むことであった（この会議については，

Marzano, Brandt, et al., 1988 を参照）。この会議の結果として，思考教育協同連盟（Association Collaborative for Teaching Thinking）がつくられた。これは以下を含む 28 の公式な加盟団体をもつ。

　　米国学校管理連盟
　　米国図書館連盟
　　米国教育研究連盟
　　米国教師連合
　　カリキュラム開発・監査連盟
　　合衆国学校事務代表会議
　　家庭科教育連盟
　　国際読解連盟
　　音楽教師全国会議
　　全国黒人学校教師連合
　　全国芸術教育連盟
　　全国小学校長連盟
　　全国中等教育学校長連盟
　　社会科教育全国会議
　　国語教師全国会議
　　数学教師全国会議
　　全国教育連盟
　　全国中学校連盟
　　全国教育委員会連盟
　　全国理科教師連盟

　しかし，残念ながらこの協同連盟は，ブルームの分類体系を改訂することはできなかった。

ブルームの分類体系：その概要

　本書は，ブルームの分類体系の改訂を目指すが，それを概観しておくことは有用だろう。最も大きな括りでは，ブルームの分類体系は 6 つの認知プロセスに分かれている。

1.00　知　識
2.00　理　解
3.00　応　用
4.00　分　析
5.00　総　合
6.00　評　価

各レベルは，はっきりした特徴を持っている。

◉ 1.00　知　識

「知識」は，情報を思い出すことと操作的に定義できる。すなわち，「アイデア，材料，あるいは現象を（再認，再生のどちらでも）思い出すことが強く求められるような行動やテスト場面における知識（Bloom et al., 1956, p. 62）」である。この最初の類型を細かくみると，ブルームが対象とした知識は，次のカテゴリーとサブカテゴリーに分けられる。

1.10　詳細な知識
　　1.11　語　句
　　1.12　事　項
1.20　詳細な知識を扱う手法や方法
　　1.21　型　式
　　1.22　傾向と系列
　　1.23　分類とカテゴリー
　　1.24　判断基準
　　1.25　方　法
1.30　普遍と抽象
　　1.31　原理と一般化
　　1.32　理論と構造

この類型には，引き出されるいろいろな種類の知識に対応した，検索プロセスが混じっている。

◉ 2.00　理　解

「理解」は知的なスキルと能力に関する最大の領域である。理解するという行動の

中心となるのは，新しい情報を何らかのコミュニケーションを通して取り入れることである（「コミュニケーション場面で，子どもたちは何がやり取りされているか知っていて，そこに含まれる材料やアイデアをいくらかでも活用できることが期待されている (p. 89)」）。分類体系では，コミュニケーションを言語（ことばや文字）で情報を表すことに限ってはいない。情報はシンボルや経験として表すこともあり得る。したがって，示された情報に含まれるアイデアをわかろうとしている子どもは，「理解」に取り組んでいるのである。

理解は3つに分けられている。転換，解釈，外挿である。「転換」は，入ってきた情報について，それを受け取ったときとは異なる形に変換することである。たとえば，子どもが竜巻のでき方についての映画で知った情報を自分の言葉にまとめるとき，転換を行っている。一方で，転換には情報の背景にある構造について正確に把握することが求められる。この「解釈」には，「アイデアを頭の中で新しくまとめ直すことが必要である (p. 90)」。最後の「外挿」は，正確に理解することを超えたもので，コミュニケーションで得た情報やすでに知っている原理や一般法則に基づいて，推論したり予測したりすることである (p. 90)。

◉ 3.00　応　用

認知的スキルの3つめの類型は，「応用」で，これがブルームの分類体系の中では最も定義が曖昧である。それは，特別な知識である「抽象化」との関係で定義され，また他のレベルの類型とどのように違っているかということを主にして描かれている。ブルームはこれを説明するために，何かを抽象化することについて理解するためには，次のことができるように抽象化についてよく知っている必要があるという。

　具体的にどう抽象化するか示されたときには，正しく抽象化ができなければならない。しかし，「応用」では，さらに一歩進んだことをめざす。新しい問題に出会ったとき，どのように抽象化すれば良いのか教えられなくても，あるいはその状況でどのように抽象化するか示されなくても，適切に抽象化することができることが「応用」である (p. 120)。

ブルームはこうも説明している。理解のレベルで想定される抽象化は，その条件が具体的に示されるときだけである。しかし，解決法が具体的に示されない状況でも正しく抽象化できるとき，抽象化を応用したと言えるのである。

◉ 4.00 分　析

「応用」が下位カテゴリーによって定義されているのと同様，「分析」も「理解」と「応用」とによって定義されている。ブルームはこう述べる。

> 「理解」では，学習内容の意味と趣旨を把握することが強調された。「応用」では，学習内容を記憶して，適切に一般化したり原理を見いだしたりすることが強調された。「分析」は部分同士の関係や，部分の組織のされ方を探索することが強調される（p. 144）。

分析は，3つの下位カテゴリーに分かれる。(1)要素，(2)要素間の関係，(3)要素をまとめる組織形態，を明らかにすることである。

明らかに，この類型は理解や評価と重なる部分を持つ。「分析と理解の境界線や，また分析と評価の境界線を完璧に引くことはできない（p. 144）」のである。

◉ 5.00 総　合

「総合」は，主に新しい知識の構造化に関することである。

> 総合は，要素や部分が全体となるように組み合わせることだと定義される。それは，要素や部分などを修正して，それまでには明確に見えなかったある種のパターンや構造にそれらを組み上げるプロセスである。一般に，それはそれまでの経験によって得られたものを新しい材料と組み合わせることであり，多かれ少なかれ，新しくてより統合された全体を再構築することである（p. 162）。

ブルームは，この類型は明らかに，最も創造性を要求されるとする。なぜなら，新しく独自のものを作ることが求められるからだ。ここで作られるものには，3つの種類がある。(1)独自のコミュニケーション，(2)操作の計画あるいは一連の操作，(3)一連の抽象的な関係，である。

ブルームは，この類型と下位の類型の類似性を認めている。「理解，応用，分析はどれも要素を集めて意味を作り上げるが，それらは総合に比べると，課題の規模の大きさという点で，より部分的で援用の可能性が低いものである（p. 162）。」

◉ 6.00 評　価

「評価」は，知識の価値についての判断である。ブルームによるとこうである。

（評価は）規準だけでなく判断基準をもとにして，具体事例がどれくらい正確か，効果的か，無駄がないか，満足すべきかを判断することである。その判断は，質的でも量的でもかまわないし，判断基準は子どもが決めても，与えられてもかまわない (p. 185)。

内的基準であれ外的基準であれ，判断基準や証拠をつくることは，この類型に含まれる。定義的には「評価」は意思決定の形式の一つで，あまり考えずにすぐに行なわれる意思決定と対峙され，よく考えて意識的になされるものである。ブルームは，前者を「意見」と呼び，後者を評価を含む「判断」と呼んだ。

ブルームの分類体系の問題点

ブルームの分類体系が教育実践に影響を与える一方で，それは厳しい批判を受けた (Kreitzer & Madaus, 1994 参照)。最も一般的な批判は，分類体系が思考を，そして思考と学習との関係を単純化しすぎているということである (Furst, 1994)。分類体系は，たしかに学習の概念を，単純で，単一次元の行動主義的なモデルから多次元的でより構造主義的なものへと拡張した。しかし，あるレベルを他のレベルのものと区別する難易度が単純すぎる。上位レベルのものが，下位レベルのものよりもより難しい認知プロセスをもつというのである。ブルームの分類体系に基づいた研究でも，この関係がいつも支持されるわけではない。たとえば，ブルームの分類体系について研修した教師でも，高次レベルの問題を低次レベルの問題よりも難しいと見分けられないのである (Fairbrother, 1975 ; Poole, 1972 ; Stanley & Bolton, 1957)。

ブルームの分類体系の問題については，ブルームらも暗には認めていた。これは，「分析」についての説明で，「おそらく教育的に見れば，分析をより深い理解（下位レベル）のための補助だとか，学習内容の評価のための前提だとする方が批判には耐えやすいだろう (p. 144)」とあることからもわかる。また，評価についての説明でも，分類体系の構造についての問題点をあげている。

評価は，その他の類型をすべて一定程度必要とするため，認知的領域の最後に位置づけているが，それが思考や問題解決の最終段階にあるべきかというと，そうではない。評価の過程が，新しい知識の獲得，新しい理解や応用，新しい分析や総合の前に来ることも十分考えられる。

要するに，ブルームの分類体系の階層構造は，論理的知見にも実験的知見にも簡単には一致しないのである。RohwerとSloane（1994）が言うように，「したがって，この構造は階層的であるというが，それは擬似的階層（p. 47）」なのである。

その他の分類体系

ブルームの分類体系が出版されてから，他の者たちがそれを改訂しようと試みてきた。これらの多くは，Moseley（出版年不詳）およびde Kock, SleegersとVoeten（2004）に詳しい。数えると，20以上あるようだ。それらの中で，ブルームのものに最も近いのが，Andersonら（2001）のもので，共通点が多い。たしかに，Andersonらの著作『学習・教授・評価の体系—ブルームの教育目標分類体系の改訂—』は，著者の一人，David Krathwohlがブルームの分類体系の共著者だということを抜きにしても，そのタイトルからして明かな関連を示している。Andersonらによれば，認知心理学の登場以来の進歩に合わせて枠組みを新しくすることと，より「現実的な例（p. xxii）」を「共通の用語（p. xxii）」で説明するために，改訂は必要であったという。

Andersonら（2001）の分類体系は，2つの基本となる次元をもっている。1つめは，「知識」領域で，事項，概念，手続き，メタ認知の4つの種類の知識を扱っている。「事項的知識」は，「子どもが知らなければならない要素的・基礎的な知識で，そこに含まれる中核的概念を獲得したりそれに基づいて問題を解いたりするためにはそれが必要（p. 29）」とされる。「概念的知識」は，「より大きな構造の中での基本要素間の相互関係で，これによって全体として機能するようになる（p. 29）」ものである。「手続き的知識」は，「何かをするときの方法，探究の方法，スキル，アルゴリズム，テクニックあるいは方法を用いるかどうかの判断基準（p. 29）」についての知識である。「メタ認知的知識」は，「認知についての一般的な知識と，また自分自身の認知についての意識と知識」である。

2つめの次元は，「認知プロセス」領域と呼ばれ，6つのタイプの思考を含む。「記憶」は「長期記憶から適切な知識を引き出す（Anderson et al., 2001, p. 31）」ことである。「理解」は，「教育的なメッセージ（授業における，ことば，文字，図による情報）から意味を」つくりあげることである。「応用」は，「手順を状況に応じて」計画的に実行したり活用したりすることである。「分析」は対象を構成要素に分解して「どのように部分部分が相互に関係しているか，それが全体の構造や目的とどのような関係にあるか」を見極めることである。「評価」は，「判断基準や規準に基づいて判断」することである。「創造」は，「要素をつなげて一貫させ，全体として機能するように」組

み合わせること，あるいは「要素を新しいパターンや構造 (p. 31)」に再編成することである。

2つの次元の要素によって，教育目標が分類される。これを説明するのに，Andersonら (2001) は，理科の授業で教師が持つだろう目標の例をあげている。「環境保護のためにリデュース・リユース・リサイクルを応用することを学ぶ (p. 32)」というような目標である。これは，「何かをする」ことについての知識であるから，「知識」領域次元の「手続き的知識」の目標とされる。またこれは，何かを「計画的に実行する」ことを含むため，「認知プロセス」次元の「応用」に分類される。

たしかに，Andersonら (2001) の試みは，ブルームのオリジナルに大きな意味を付け加えた。さらに，この本で示すモデルとよく似たアイデアをたくさん含んでいる。一方この新分類体系は，ブルームの分類体系とその後継がはまる落とし穴にははまらないし，おそらく教師が実践に取り入れやすいものとなっている。

新分類体系の理論的基礎

ブルームらのアプローチ（そしてブルームを引き継ぐ改訂版のほぼすべて）が持つ問題の一つは，評価は総合よりも難しく，総合は分析よりも難しいというように，難易度の差をレベルの差の基礎としようとしたことである。最も複雑な処理ですら学習を重ねると，あまり意識しなくてもあるいは無意識的に実行できるようになるという心理学上定着した原則からすれば，知的な処理の難易度に基づいて体系化しようとする試みは，失敗するように運命付けられていたのである (Anderson, 1983, 1990b, 1995 ; LaBerge, 1995 ; LaBerge & Samuels, 1974)。知的な処理の難易度には，少なくとも2つの要素がある。処理に含まれる手順の複雑さと，その処理への慣れである。心的手続きの複雑さは変化しない。手順の数や手順間の関係は変化しないのである。しかし，処理への慣れは時を経ると変化する。慣れれば慣れるほど，やさしく感じ，素早く実行できるようになる。わかりやすい例で言えば，車をラッシュアワーの高速道路で運転するのは，相互に関係したり補い合ったりする処理事項の数が多く，それぞれに含まれる要素も膨大で，とても複雑である。しかし，経験豊富なドライバーはこれを難しいとは感じないし，電話をしたりラジオを聞いたりするような，他のまったく関係のないことをしながらやってのける。

心的プロセスは難易度によって階層構造にはできないが，制御という視点からは順序付けることができる。ある処理は他の処理によって実行される。新分類体系のもとになったモデルを図表1-1に示す。

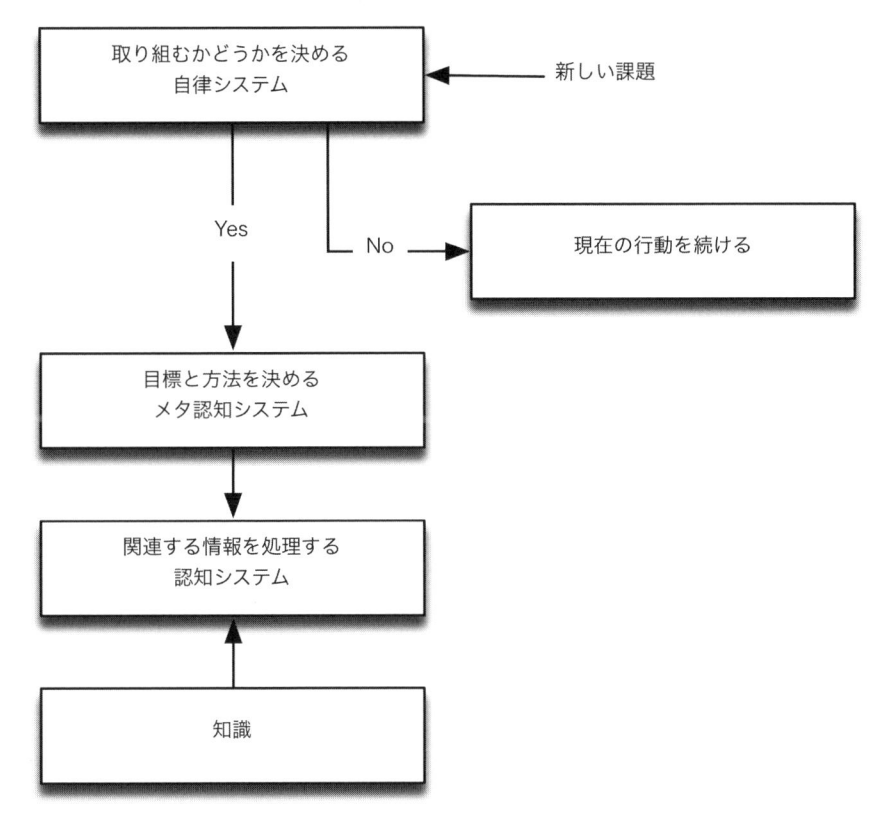

図表 1-1　行動のモデル

```
┌─────────────────────┐
│ 取り組むかどうかを決める │ ←──── 新しい課題
│     自律システム      │
└─────────────────────┘
     │Yes    │No
     │       └──→ ┌─────────────┐
     │            │ 現在の行動を続ける │
     ↓            └─────────────┘
┌─────────────────────┐
│  目標と方法を決める   │
│   メタ認知システム    │
└─────────────────────┘
     ↓
┌─────────────────────┐
│ 関連する情報を処理する │
│    認知システム       │
└─────────────────────┘
     ↑
┌─────────────────────┐
│        知識          │
└─────────────────────┘
```

　図表1-1のモデルは，人が新しい課題に出会ったときに，それに取り組むかどうかをどうやって決めるかを示しているだけではなくて，ひとたび取り組むことに決めたらどのように情報が処理されるのかを示している。このモデルには，3つの心的システムが示されている。自律システム，メタ認知システム，認知システムである（訳注1→章末）。モデルの4つめの要素は知識である。

　このモデルでは，「新しい課題」は，その時に何をしているか，何を処理しようとしているかにかかわらず，その変更を要請する機会として定義される。たとえば，子どもが理科の授業に出ているとしよう。彼の頭は，じきにはじまる放課後にすることを考えていて，その活動にエネルギーと注意が向けられている。ここで教師が新しく提示した理科についての情報に注意を向けるように注意したら，その子は新しい課題に出会ったことになる。そこでの意思決定と，それに続く行動は，子どもの自律シス

テム，メタ認知システム，認知システムおよび知識の相互作用によって決まるのである。自律システムが最初に働く。それからメタ認知システム，そして最後に認知システムである。これら3つのシステムはすべて，子どもがもっている知識を利用する。

3つの認知システムと知識の領域

　自律システムは，相互に関係する信念と目標のネットワークで成り立っており (Csikszentmihalyi, 1990；Harter, 1980；Markus & Ruvulo, 1990)，新しい課題に取り組むかどうかを見極める際に用いられる。自律システムはまた，課題に対する意欲の主たる規定要因である (Garcia & Pintrich, 1991, 1993, 1995；Pintrich & Garcia, 1992)。課題が重要だと判断されたり，成功の可能性が高いと判断されたり，課題に対する積極的な気持ちが起こったりしたときには，新しい課題に取り組む意欲がわく (Ajzen, 1985；Ajzen & Fishbein, 1977, 1980；Ajzen & Madden, 1986)。課題が自分にとってあまり関係ないとか，成功の可能性が低いなどの，消極的な感情と結びついたときには，課題に取り組む意欲は低くなる。新しい理科の情報に注意を払う意欲をもつのは，その情報を放課後の活動よりも重要だと感じて，その情報を理解できると信じることができて，それに対して消極的な感情を強く持っていないときだろう。

　新しい課題に取り組むことが決まると，メタ認知システムが発動する。メタ認知システムの重要な役割の一つは，新しい課題に関するゴールの設定である (Schank & Abelson, 1977)。このシステムはまた，目標が設定されたときにそれを達成する方法の決定を担う (Sternberg, 1977, 1984a, 1984b, 1986a, 1986b)。理科の授業における子どもは，このメタ認知システムによって，新しい情報に関する学習目標を設定して，それを達成する方法を決める。メタ認知システムは，一度動き始めると，ずっと認知システムと連動して働く。

　認知システムは課題の遂行に不可欠な情報を，効果的に処理する役割を担う。推量，比較，分類などの分析的な処理を担当する。先の子どもに関して言えば，新しい情報を聞いたとき，それについて推量し，すでに知っていたことと比較するといったことをすることになるのはまちがいない。

　最後に，どんな課題でもうまくいくかどうかは個人がその課題に関して持っている情報の量に依存する (Anderson, 1995；Lindsay & Norman, 1977)。たとえば，理科の授業で子どもが学習目標を達成できるかどうかは，その理科のトピックについての既有知識にかなりの部分依存する。

新分類体系の概要

図表1-2に新分類体系のしくみを示そう。

ここで，新分類体系について簡単に紹介しておこう。図表1-2の左側の列は，思考の3つのシステムおよび，認知システムの4つの構成要素を示している。右側の列は，情報，心的手続き，精神運動手続きの3つの異なるタイプあるいは領域の知識を示している。理科の授業を受けている子どもの場合，子どもに示される情報は，理科についての情報を中心としたものになる。もし教師が国語の教師で，編集の技術を教

図表1-2 新分類体系

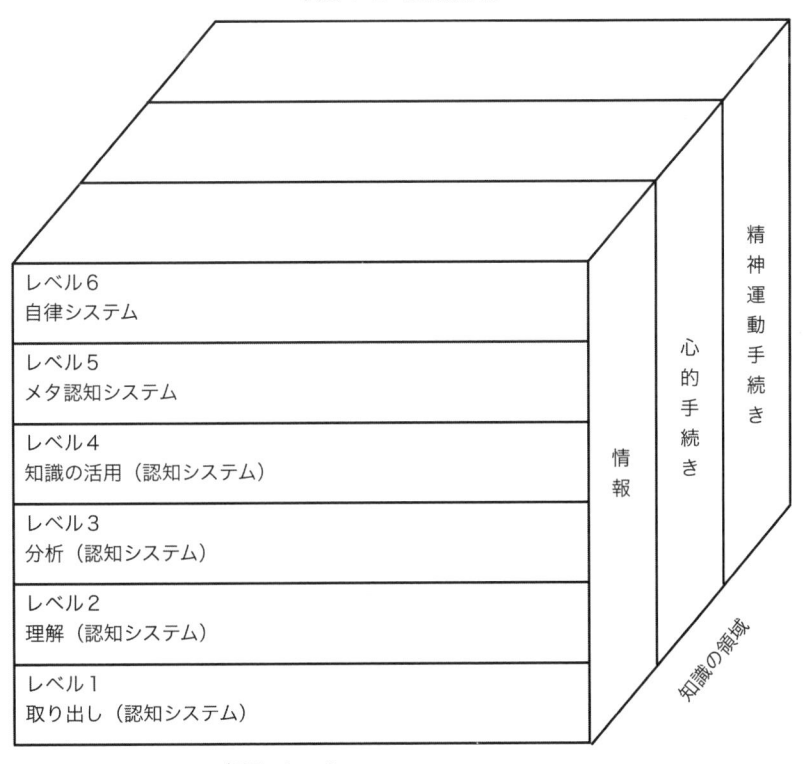

- レベル6　自律システム
- レベル5　メタ認知システム
- レベル4　知識の活用（認知システム）
- レベル3　分析（認知システム）
- レベル2　理解（認知システム）
- レベル1　取り出し（認知システム）

処理のレベル

知識の領域：情報／心的手続き／精神運動手続き

Copyright©2007 by Corwin Press：All rights reserved. Robert Marzano と John Kendall による新しい教育目標の分類体系（第二版）からの転載。Thousand Oaks CA：Corwin Press. www.corwinpress.com. 本書を購入した学校サイトあるいは非営利組織における利用のみ可。

えようとしているなら，与えられる知識は心的手続きについてのものになる。体育の教師がストレッチを教えようとしているなら，精神運動手続きに関する知識が与えられる。

　結果として，新分類体系は2次元モデルとなり，6つのカテゴリーからなる「処理」に関する次元と，3つの領域をもつ「知識」に関する次元から構成される。Andersonら（2001）の「環境保護のためにリデュース・リユース・リサイクルを応用することを学ぶ（p.32）」という教育目標で比較してみよう。新分類体系では，この目標は，「処理のレベル」では「分析」に分類される。そして，「知識の領域」では「情報」に該当する。この分類は，Andersonらのものとは大きく異なる。Andersonらに基づけば，それは「認知プロセス」次元の「応用」であり，「知識」次元の「手続き的知識」だとされる。次の節で見るように，この差異は新分類体系の2つの利用方法を見る上では重要な差異となる。

　2，3，4章では，新分類体系のさまざまな構成要素の背景にある研究や理論について述べ，心的手続きと知識のタイプの関係を理解するための文脈や枠組みを提供する。5，6章では，新分類体系が，さまざまな教育場面において利用できることを示す。最もわかりやすい利用方法は，教育目標のデザイン（設計）と分類のための道具としてである。したがって，これから示す例は，教育目標の分類に焦点をあてる。めざす成果が教師によって明確に示され，そこで扱われる知識のタイプとその知識を活用するための心的手続きのタイプを決定するのに，新分類体系が使われる。新分類体系はまた，目標を生み出すためにも用いられる。これによってどのタイプの知識をどのような形で示し処理させるかが特定されるのである。

　新分類体系の2つめの使い方は，評価方法を決める枠組みとしての使い方である。5章では，目標を明確化した後，論理的に評価方法を検討する事例を示す。目標がゴールとして設定され，そのゴールに向かってどれくらい進歩したかを評価するのである。異なる目標には異なる評価方法が用いられる。このように，新分類体系は授業における評価の方法についての理解を深め，それを生み出すことになる。

　州や教育区の教育要領を，よりわかりやすく役立つものに作りかえるための枠組みとして用いるのが，新分類体系の3つめの使い方である。合衆国では，教育要領を導入してから，K-12（就学前～高等学校最終学年）にその運動が浸透しているといっても，過言ではない。Robert GlaserとRobert Linn（1933）はこう言う。

　　この国の教育改革の方向を説明すると，これまでの20世紀の最後の10年は，まちがいなく教育の国家規準を集中的に普及させる運動の時期だと言える。規準の普及は，連邦や州の議員，大統領や知事の候補，教師や教育内容の専門家，各種の連

盟，政府機関，民間の基金それぞれの後押しによって進められた（p. xiii）。

　GlaserとLinn（1993）は，20世紀の最後にこう述べた。21世紀に入ったからといって，この規準運動がなくなったわけではない。合衆国の規準運動はとても大きく，それだけにたくさんの規準も打ち出されたが，同じくらい多くの問題も出てきた。最も問題なのが，示された規準を授業実践の形にするのが簡単ではなかったということである。したがって，多くの研究者や理論家が規準の改訂を求めてきた（Ainsworth, 2003a, 2003b；Reeves, 2002）。とくに，Kendall（2000）は，規準を改訂することによって，それが授業を受け持つ教師にとって使いやすいツールになることを示した。5章で示すように，新分類体系は，州の規準を再編成する枠組みとして使えるのである。

　4つめの利用法は，カリキュラム設計の枠組みとすることである。6つのレベルは，カリキュラム設計の基礎となるさまざまな課題を生み出す。異なるタイプの課題は，異なる成果と結びつく。知識を活用する課題では知識を応用すること，分析する課題では異なる視点から知識を検証することが必要である。その結果，教師がどのように課題の系列を編成するかが，授業のカリキュラムになるのである。

　5つめの利用法は，思考スキルを教えるカリキュラムの枠組みとすることである。Resnick（1987）は，『思考に向けた教育と学習』の中で，心的スキルあるいは「思考スキル」のカリキュラムを設計する試みについて述べている。彼女は，思考スキルのカリキュラムについて，ドリルや練習によって基礎的知識を習得したあとでしか学べない「高次」のものだと考えてはならないという。次元の高いカリキュラムは通常，能力の高い子どものためにしか提供されない。思考スキルのカリキュラムはそういうものではなく，むしろ，できるだけ早く従来の教科の中で教えられるべきだというのである。「実際，さまざまな思考を耕すのを失敗すると…小学校における学習障害の大きな原因となるだろう（p. 8）」とある。この目的を果たすために，新分類体系は思考スキルを明確にし，それを従来の教科において学ぶ方法についての基礎となるだろう。

　5，6章で，これらの利用法について，詳しく述べたい。

新分類体系，ブルームの分類体系，およびアンダーソンの改訂版

　それでは，図表1-1（とそれを分類体系に変換した図表1-2）に描いたモデルは，どうブルームのものを改善したことになるのだろうか。少なくとも2つある。まず，それは「枠組み」ではなく，人間の思考に対するモデルあるいは「理論」である。厳

密に言うと，モデルや理論は，現象を予測することができるものである。一方，枠組みはさまざまに現象を説明する原理をおおざっぱに整理するもので，必ずしも現象を予測するものでなくてもよい（モデル，理論，枠組みについての議論は，Anderson 1990a を参照）。ブルームの分類体系は，情報処理の6つの一般的な類型を記述する枠組みである。それはたしかに，教育者が多様な面をもつ学習を理解するために有用な類型であった。Robert Gagne が 1977 年に著した『学習の条件』で，分類体系の著者たちは学習のさまざまな類型の理解にとって見事な貢献をした，と賞賛している。しかし，ブルームの分類体系は，とくに何かの行動を予測するようにはできていない（Rohwer & Sloane, 1994）。したがってモデルや理論とは言えない。しかし，図表1-1 は，ある状況が起こったときの行動を予測することができる。たとえば，自律システムに含まれる個人の信念がわかると，課題に対して払われる注意や，示される意欲を予測できる。

第2に（そしてこれがもっと重要なのだが），ここで示した理論は，(1)情報の流れ，と(2)意識のレベル，の2つの基準で思考の階層的なシステムをデザインすることができるという点で，ブルームのものを改善したと言える。ここでは，情報の流れに関する基準について，簡単に述べておこう。意識のレベルに関する基準は，新しい分類体系について詳説する3章の終わりで扱う。

情報の流れについて，その処理は常に自律システムから始まり，メタ認知システムに移り，それから認知システムに渡される。そして，それらのすべてのプロセスは知識の領域に含まれる情報を用いて知的処理を行なう。さらに，上位のシステム要因の状態は，より下にあるシステム要因の状態に影響する。たとえば，ある課題について，それを重要だとは思わないという信念が自律システムの中にあれば，その課題には取り組まないし，取り組んだとしてもやる気は低い。もし課題は重要だと思うが，メタ認知システムでゴールが明確に設定できないのであれば，課題の遂行は止まってしまう。明確な目標が設定されて適切にモニターされても，認知システム内で情報処理が効率的に働かなければ，課題は実行されない。3つのシステムは，その意味で情報処理の流れにおける本当の階層構造になっているのである。

ブルームの分類体系との関連に照らして，Anderson らのモデルと新分類体系を比べて見よう。Anderson らのものは，ブルームのものと同様の長所と短所をかなり持っている。なぜなら，（少なくとも部分的には）それが今日の教育者の注意をオリジナルに向けるための改訂だったからである。「まず，教育者の注意をオリジナルのハンドブック（訳注2→章末）に再度向ける必要があった。それは単に歴史的名著だということだけではなく，多くの点で"その時点で時代を先取りしたもの"だったからだ（p. xxi）」。ブルームの分類体系をしっかり引き継ごうとしたために，それは当然同じ弱点をもつことになった。各レベルが難易度によって階層的に構造化されているとい

う，暗黙の前提である。Andersonらは「認知的プロセス次元の根底にある連続性は，認知的な複雑さ，つまり"理解"は"記憶"よりも，"応用"は"理解"よりも認知的に複雑だということを前提としている (p.5)」と述べた。

　Andersonら (2001) の分類体系は，ブルームの分類体系の改訂を目指したが，新分類体系ともはっきりした類似点がある。最も大事なのは，Andersonの分類体系に採用された2つの次元が新しい分類体系の2つの次元と非常によく似ていることである。Andersonの分類体系では，「知識」次元と「認知プロセス」次元という。新分類体系では，「知識の領域」次元と「処理のレベル」次元という。一見してわかるとおり，どちらの分類体系も，授業で扱われる知識の種類と，その知識を扱う心的手続きの種類によって課題を分類している。したがって，両者ともRalph Tyler (1949b) が目標の書き方について「最も有用なのは，身につけさせたい行動の種類がわかるように，そして行うべき行動の…内容がわかるような形で，目標を記述することだ (p.30)」とした，そのとおりのことをしているのである。

　しかし，2つの分類体系の次元は，はっきり違っている。1つめの違いは，新分類体系は明白に，学習の認知的，情意的，精神運動的な側面について述べていることである。精神運動領域は知識の領域の1つに組み込まれ，「感情状態の検討」は，自律システムに特有な側面である (3章参照)。タイトルが示すように，ブルームのオリジナルの本は，認知的領域についてのものである。しかし，情意領域に対しても分類体系が開発された (Krathwohl et al., 1964)。そして，ブルームと共著者たちは，精神運動領域の分類体系も開発しようとした。Andersonの分類体系では，これらの区別がはっきりしていない。Andersonらは，ブルームの分類体系は「目標を認知領域，情意領域，精神運動領域の3つに区別した。これは当然のことながら，同じ目標の異なる側面を切り離すことになった…ほとんどすべての認知的目標は情意的側面を持っている…という批判を受けた (Anderson et al., 2001, p.258)」という。そしてブルームに向けられた批判を避けるために，分類体系を，認知的領域だけに焦点化した。「意図的に認知的領域に焦点化することで，改訂版はこの問題をやり過ごした (p.259)」のである。この背景についてAndersonらは，メタ認知的知識のカテゴリーが「ある意味，認知的領域と情意的領域をつなぐもの」だとしている (p.259)。

　新分類体系とAndersonの分類体系のもう一つの重要な違いは，メタ認知の位置づけである。新分類体系では，メタ認知システムがゴールを設定するという意味で，メタ認知を認知的な処理の上に置いており，ある学習場面でメタ認知システムが明確なゴールをもつか否かは，どのタイプのどのレベルの認知的処理が行なわれるかを規定する。したがって，メタ認知は，教科内容にどのような処理を適用すべきかを規定しているのである。Andersonら (2001) の分類体系では，メタ認知は，事項的知識，

概念的知識，手続き的知識という教科内容に関する知識と同じ次元に置かれている。メタ認知をどこに位置づけるべきかについては，明らかに議論の余地がある。「分類体系の改訂版を準備するための会議では，"メタ認知的知識"が何を含むか，どこに位置づけるのが適切かが，しばしば議論された (p. 44)」。Anderson らは，「(この問題に) 長時間取り組んで (p. 40)」，メタ認知は知識次元に位置づけることにしたという。しかし，そこに完璧に位置付いた感じがしないと記しているのはおもしろい。「もちろん，メタ認知的知識はほかの3つの知識のタイプと同じ位置づけであるわけではない (p. 44)」のである。

　2つの分類体系の3つめの違いは，自律システムにおける思考の扱いについてである。新分類体系では，学習者が新しい課題に取り組むかどうか，もし取り組むことになったらどれだけの意欲をもってどれだけ労力を注入するかをコントロールするので，自律システムが一番上に描かれている。Anderson はこの点について，Flavell (1979) の論文に従って，自律システムにおける思考をメタ認知的知識の一つの現れだとしている。Flavell は 1979 年に，自己についての知識をメタ認知の一つと見なすすばらしい事例をあげた。それから，多くの研究や理論が行なわれ，自律システムをメタ認知システムと切り離して，人間の思考の中心に据えるようになった。Csikszentmihalyi (1990) はこういう。

　　自己はばらばらな情報の無秩序な集まりではない…事実，(ほとんど) すべてのものは…意識を通り過ぎている。すべての記憶，動作，プレッシャー，苦痛などは自己の中にある。そして何より，自己は何年もかけてわれわれがつくりあげるゴールの階層を表しているのである…その時どきにはほんの一部分しか意識はしていないのだけど (p. 34)。

つまるところ，Anderson の分類体系と新分類体系には似た点があるが，構造において大きな違いがあり，それがこの2つの分類体系が教育者による使い方の大きな差に現れるのである。

【要　約】

　この章は，ブルームの分類体系の特徴や影響についての簡単な議論から始めた。そして，その長所や教育実践に与えてきた多大な貢献は認めるとしても，その（そしてそれを採用したものや改訂版）もつ構造が本質的にもつ問題点に光をあてた。そして，新分類体系の基礎となるモデルを提示した。このモデルは，思考についての3つのシステムを仮定し，それらは情報処理の流れ（自律システム，メタ認知システム，認知システム）という点で，階層的な関係を持っている。

(訳　注)
1. システム：マルザーノは3つの心的システムを提示している。この「システム」は，メカニカルなものや生態学的なものではなく，まとまりを示す「系」「体系」というような意味である。
2. 1956年に出版されたブルームの『学習評価ハンドブック』のこと（Bloom et al., 1956）。

2章 知識領域

　新分類体系がブルームの分類体系と明確に違うのは，さまざまなタイプの知識を心的プロセス（訳注：何かをしたり考えたりするときに頭に浮かぶ手順）と分けているところにある。心的プロセスは，知識を使って行なわれる。これを図表2-1に記した。
　ブルームら（1956）は，次のように知識を再認や再生という認知的な操作として定義した。

　　知識とは，学習しているときに経験したアイデアや現象について，再生したり再認したりして覚えている証拠を示すことを言う。目的が教育目標の分類なので，アイデアや現象をただ元のとおり記憶しているだけより，少し広めに定義している（pp. 28-29）。

　ブルームは，知識のカテゴリーに，次のさまざまなタイプの知識を含めた。

　　用　語
　　事　項
　　型　式
　　傾向と系列
　　判断基準
　　方　法
　　法則と帰納
　　理論と構造

　ブルームは，知識に，再認や再生の能力だけでなくさまざまな形態のものを含めている。このように，知識を土台として行なうさまざまな知的操作と，いろいろなタイプの知識をごちゃまぜにしているのがブルームの分類体系の弱点である。なぜなら，行動の目的と行動そのものが一緒になっているからである。ブルーム自身もどこか自己否定的に，この知識の類型と他の5つの類型には根本的な違いがあると述べている。

「知的な能力とスキル (pp. 38, 39)」について細かく論じる中で，知識を他の5つの類型とは明確に分けているのである。ブルームは知識と知識を用いて行なう知的操作の違いについて漠然とは認識していたのに，両者を一緒に分類体系の中に入れてしまったのである。

新分類体系では，思考を3つのシステムに分け，またそれぞれが扱う知識を3つの領域に分けることで，この混乱を避けようとしている。階層構造をもつのは，思考のシステムなのである。各階層の知的操作は，それぞれ3つの領域の知識とは違った形で関わる。まずこの章では，3つの知識の領域について述べよう。

図表2-1　2つの分類体系における知識

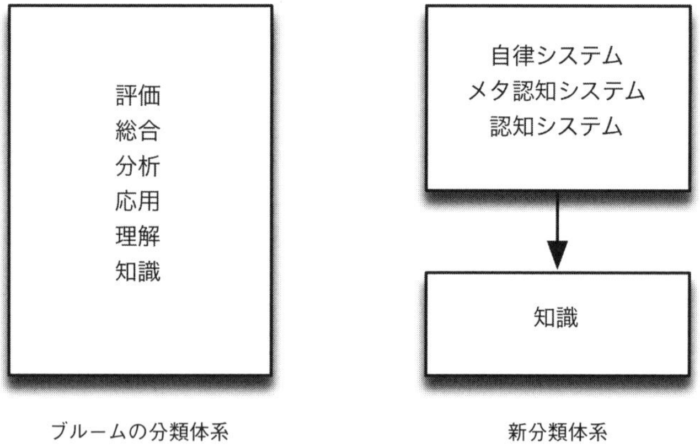

ブルームの分類体系	新分類体系
評価／総合／分析／応用／理解／知識	自律システム／メタ認知システム／認知システム　→　知識

領域としての知識

新しい課題を達成するには，知識は鍵となる。必要な知識がなくても，課題に取り組むやる気を出させたり（自律システム思考），ゴールを設定させたり（メタ認知システム思考）できるし，さまざまな分析的スキルを使わせる（認知システム思考）ことすらできる。しかし，課題に必要な知識を持っていなければ，これらの心的プロセスの効果は最小になってしまう。

知識は大きく3つに分けられる。「情報」「心的手続き」「精神運動手続き」である。すべての教科内容が，この3つの知識の組合せで表せる。たとえば地理に必要な知識は，さまざまな場所の情報，気候パターン，立地と地域発展の関係などである。地理の心的手続きに関わる知識は，地形図や政治地図の読み方などである。地理では，

「精神運動手続き」についての知識はあまり必要ないだろう。しかし，飛行機の操縦には，「精神運動手続き」についての知識がかなり要求される。パイロットなら離着陸など操縦についての知識をマスターしていなければならない。「情報」領域については，揚力や抗力のような概念の理解が不可欠である（訳注：揚力は空気が飛行機を持ち上げる力。抗力は空気の抵抗のこと）。すばやくレーダーを読んだり，操縦パネルを見て判断したりする「心的手続き」も必要である。

　3種類の知識は本質的に異なっているが，それぞれを，認知，メタ認知，自律システムの上で作動する「領域」として関連づけてとらえるのがすわりがよい。

情報の領域

　「宣言的知識」とも呼ばれる「情報の領域」は，本質的に階層構造になっている。階層の一番下は，「語彙（語句）」である。語彙は，正確な理解だけを指し，深い理解は指さない。学習者は，「蓋然性」という用語の一般的な意味は知っていても，この語のさまざまなニュアンスの違いをすべて知っている必要はない。これは，語彙に関する知識が重要でないということではない。実際，学習内容についての事実，一般概念，原理を理解するには，その教科内容で用いる語彙を一定量持っていなければならないのは明白である（Marzano, 2004）。だから，かなりの時間を語彙に関する授業にあてる教師が多くなる。ブルーム（1976）が教科書を分析した結果，ひとつの章あたり100から150の新しい語彙が新出するという（p.25）。

　その上の階層は，「事実」である。「事実」は，特定の人，場所，物，出来事についての情報を表す。「ゲティスバーグの戦いは，南北戦争の勝敗を決定づけた」という情報は「事実」である。これを理解するためには，「勝敗」と「決定づける」という「語彙」を理解している必要がある。階層の最上部は，より一般的な知識で，「一般概念」と「原理」である。「特定の地域における戦いが，戦争の勝敗に思わぬ影響を与える」という文言は，「一般概念」である。「語彙」や「事実」は重要だが，一般概念はいつでも使える知識ベース（訳注：頭の中に蓄積された知識のデータベース）となる。それは異なる状況にも当てはめることができる。たとえば，既知の「一般概念」は，他の国，状況，時代にあてはめることができるが，ゲティスバーグの戦いについての「事実」は，簡単には他の状況にあてはめることができない特定の出来事なのである。「事実」が重要でないのではない。逆に，「一般概念」を本当に理解するためには，それを具体的な「事実」によって支えることができなければならない。たとえば，どこかの戦いの影響についての「一般概念」を理解するためには，それを説明する豊富な

「事実」（ゲティスバーグの戦いの事実はそのうちのひとつ）を知らなければならない。
情報の領域における知識のタイプについて，図表2-2に詳しく掲載した。

図表2-2　情報としての知識のタイプ

語彙（Vocabulary Terms）

情報としての知識の最も具体的なものが語彙である。このシステムでは，語彙を知ることは，一般的な意味において理解することである。たとえば，宣言的知識を語彙レベルで理解するというのは，その語の意味がだいたいわかっていて，致命的な覚え違いをしていないことをいう。授業内容を語彙レベルでまとめるというのは，語句を，それぞれ別個に整理することである。表面的にではあっても，正確な意味を理解することが，学習者には求められる。

事実（Facts）

事実も，具体的な情報である。事実は，特定の人・場所・生物・もの・出来事についての情報である。事実は，次のように明確な文言の形をとる。
- 実在する人物や架空の人物の特徴
  （例：ロビンフッドは，1800年代初期にはじめて英国文学に表れた架空の人物である。）
- 場所の特徴（例：デンバーは，コロラド州にある。）
- 生物・ものの特徴
  （例：私の犬タフィーはゴールデンレトリバーだ。エンパイアステートビルは100階以上ある。）
- 出来事の特徴（ピサの斜塔の建設は1174年にはじまった。）

時系列（Time Sequences）

時系列は，2つの時点の間に起こった重要な出来事に関するものである。たとえば，ケネディ大統領が1963年11月22日に暗殺されてから，1963年11月25日の埋葬までに起こった出来事は，多くの人々に時系列で記憶されている。まずあることが起こって，次に別のことが起こる…というように。「原理」の項で述べるが，時系列は，因果関係を要素にもつ。

一般概念（Generalizations）

一般概念とは，例を示すことができる文言である。たとえば，「合衆国大統領は，しばしば大富豪や強い権力をもつ家系から出る」というのは一般概念で，事例をあげることができる。一般概念と事実は混同しやすい。事実は，特定の人・場所・生物・もの・出来事の特徴についてのものだが，一般概念は，それらの事実を分類する部類やカテゴリーを指す。「私の犬タフィーはゴールデンレトリバーだ」というのは，事実である。しかし，「ゴールデンレトリバーはよい猟犬だ」という文言は，一般概念である。一般概念は，抽象概念の特徴について述べたものである。抽象概念についての情報は，常に一般概念である。さまざまなタイプの一般概念の例をあげる。
- ある種の人がもつ特徴（例：消防士になるには，少なくとも2年の訓練が必要だ。）
- ある種の場所がもつ特徴（例：大都市の犯罪発生率は高い。）
- 生物・ものの種類の特徴（例：ゴールデンレトリバーはよい猟犬だ。銃の所持は大議論の的だ。）
- ある種の出来事がもつ特徴（例：スーパーボウルは最も人気のある恒例のスポーツイベントだ。）
- 抽象概念の特徴（例：愛は人の持つ感情のなかでも最も強いものだ。）

原理（Principles）

原理は，関係に関する特別な一般概念である。一般に，学校で扱う宣言的知識には，2種類ある。因果関係の原理と，相関関係の原理である。

因果関係（Cause-effect principles）
因果関係は，一方が原因となってもう片方が結果として起こる関係のことである。たとえば，「結核は結核菌によって起こる」という文は因果関係になっている。因果関係の原理を理解するには，その関係に含まれる要素と片方の要素の関係についての正確な知識を必要とする。結核と結核菌の因果の原理について理解するためには，症状が発生する前後関係，関連する要因，要因同士の関係の種類や強さについて知らなければならない。因果関係の理解のためには，非常に多くの情報が必要である。

相関関係（Correlational principles）
相関関係は，因果関係ではないが片方の要因の変化がもう片方に影響を与える関係をいう。「肺がんの女性の数の増加は，女性の喫煙者の数の増加と正比例する」というのは相関関係である。
相関関係を理解するためには，2つの事項の関係について知っていなければならない。この場合，女性の肺がん患者数と女性の喫煙者数の変化の割合が同じだという関係である。
この2つのタイプの原理が「時系列」と混同されることがある。時系列は特別な場合にしかあてはまらないが，原理はさまざまな状況にあてはまる。南北戦争の原因とされるものの中には因果関係もあるが，それらはすべて時系列である。南北戦争にあてはまることが，異なる状況にはあてはまらない場合があるのである。しかし，結核菌と結核のような因果関係は，どんな状況や人々にもあてはまる。内科医はこの原理を，いろいろな症状，いろいろな人々の診断に用いる。原理と時系列の違いは，原理が多くの状況にあてはまる一方，時系列はそうではないということである。時系列は，特別な状況にしかあてはまらないのである。

情報のタイプについての文献に明るい人は，図表2-2が，他の文献でよく示される概念のリストではないことに気づくだろう（Carroll, 1964 ; Klausmeier, 1985 ; Klausmeier & Sipple, 1980 ; Tennyson & Cocchiarella, 1986）。というのも，他の理論では，概念は基本的にこのリストにおける一般概念と同義語として扱われているからである。Gagne (1977) は，概念を「分類に用いられる特別なルール (p. 134)」と定義した。図表2-2にあるが，それは一般概念の特徴の一つである。したがって，他の理論における概念は，新分類体系の一般概念あるいは原理と同一と見なすことができる。

情報の領域には，語彙からいくつかの種類の原理までたくさんの要素があるが，それらを2つの大きなカテゴリーとして扱うのが適切かつ有用だと思われる。「詳細事項」と「枠組み」である。「詳細事項」には，語彙，事実，時系列が含まれる。「枠組み」は，一般概念と原理である。次のとおりである。

詳細事項
　語　彙
　事　実
　時系列
枠組み
　原　理
　一般概念

思考の3つのシステム（認知，メタ認知，自律システム）は，各カテゴリーの中では同じ処理を行なうが，カテゴリーが違えば処理が異なる。時系列と事実に適用される認知システムの処理は同じである。どちらも詳細事項だからである。同様に，一般概念と原理に適用される認知システムの処理は同じである。両者はどちらも枠組みだからである。しかし，一般概念と時系列は違った形で処理される。

　情報領域の知識の特徴の最後は，それが記憶される方法である。情報領域の知識は，記憶に命題として蓄積されるという心理学者がいる。命題の形成についての研究には，心理学と言語学の双方で膨大な歴史がある (Frederiksen, 1975；Kintsch, 1974；Norman & Rumelhart, 1975)。簡単に言えば，「命題は個別の言説としてみることができる最小の思考の単位である。すなわち，真偽の判断ができるように意味が形成される最小の単位である」(Anderson, 1990b, p. 123)。Clark & Clark (1977) は，命題のタイプは有限であることを見いだした。図表2-3は，その主なタイプを示している。

図表2-3　命題のタイプ

1. マックスは歩く。	5. マックスはモリーに玩具をあげた。
2. マックスはハンサムだ。	6. マックスはゆっくり歩く。
3. マックスはフルーツを食べる。	7. マックスはまくらでビルをたたいた。
4. マックスはロンドンにいる。	8. 哀しみがマックスをうちのめした。

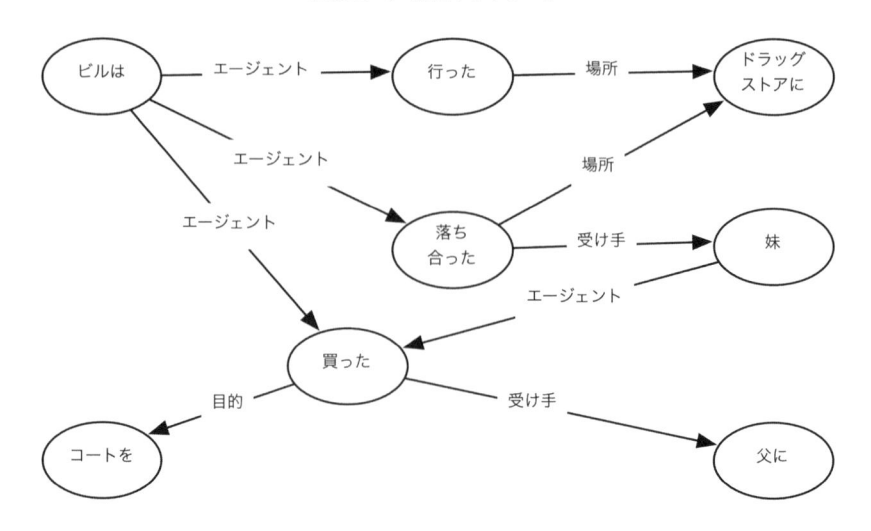

図表2-4　命題ネットワーク

図表2-3の言説はそれぞれ，肯定や否定が可能である。しかしその言説の一部だけしかなければ，否定も肯定もできなくなる。「マックスは歩く」や「マックスはハンサムだ」ということについて，それが本当かどうかは判断できるが，「マックス」「歩く」「は」「ハンサム」だけでは，肯定も否定もできない。したがって，命題は情報が蓄積される最も基本的な形だということができるだろう。

　命題は，ネットワーク状に結びついて複雑な情報となる。たとえば，図表2-4は，「ビルはドラッグストアに行って，そこで妹と落ち合った。彼らはそこでコートを買った」という文言を構成する命題ネットワークである。

　図表2-4の矢印には，エージェント，目的，場所，受け手，と付記してある。これらは，命題と命題の関係や，命題に含まれる要素間の関係を表している（命題ネットワークにおける関係のタイプについては，Chafe, 1970；Fillmore, 1968；Turner & Greene, 1977を参照のこと）。

心的手続きの領域

　手続き的知識とも呼ばれる心的手続きは，情報あるいは宣言的知識とは形式や機能において異なっている。宣言的知識と手続き的知識の区別は，心理学においては基本である。心理学者であるSnowとLoman (1989) は，「宣言的知識と手続き的知識の区別，あるいはより単純に内容についての知識とプロセスについての知識の区別」は教育実践にとって，最も根本的なものである (p. 266) という。

　宣言的知識は，人が「何」を知っているかに関するもので，手続き的知識は「どのように」という形で表されるものである。たとえば，車の運転や長除法をどのように行なうかについてについての知識は手続き的知識である。手続きが記憶にどのように格納されているかは，新分類体系に大いに関わってくる。

　心理学者のJohn Anderson (1983) は，手続き的知識の基本的な特徴について，プロダクションと呼ばれる「if-then」構造で表した。このプロダクションの構造は，命題ネットワークの構造とは異なっている。引き算の筆算の手続きについてのプロダクション・ネットワークの一部を用いて説明しよう。

　プロダクション・ネットワーク（訳注→章末）では，非常に多くのif-thenのペア（非常に多くのプロダクション）をもつ（プロダクション・ネットワークについての詳細は，Anderson, 1983, 1990a, 1990b, 1995を参照）。このように，心的手続きに含まれる知識は，情報の領域に含まれる知識の構造とは異なっている。

　心的手続きの領域における知識についてのもうひとつの重要な特徴は，その学び方

1a.	If 目標が引き算の筆算であれば，	1b.	Then 対象を一番右の列に焦点化して処理する
2a.	If 注目している列に答えがあり，1つ左の列に数があれば，	2b.	Then 対象を左の列に移して処理する
3a.	If 目標がある列の処理で，下の行に数がないかあるいは0であれば，	3b.	Then 上の数を答えとして書き入れる

にある。心的手続きを獲得するには，3つの段階がある。Fitts (1964) は，その最初のものを「認知段階」と呼んだ。この段階は，プロセスを言語化して（問われれば表現して），少なくともおおざっぱにその手続きを行なうことができることを指す。Anderson (1983) によれば，学習者は何かを練習している期間には，そのスキルを実行するのに必要な情報について口にする「言語的媒介」を見せることがよくあるという。2番目の「連合段階」は，手続きの実行が円滑化される段階である。ここでは，最初に手順を理解したときの間違いが検出されて取り除かれる。また，手順を言語によって媒介する必要もなくなる。3番目の「自律段階」では，手続きが洗練され，自動化される (LaBerge & Samuels, 1974)。学習者の頭に浮かぶ手続きは自動的に実行されるようになって，ワーキングメモリーに占める領域がわずかになる。

　この知識獲得の3つの段階は，新分類体系にとって重要である。なぜなら，認知段階で獲得される手続き的知識は，それを実際に使うことを考えると，情報領域における知識とまったく同じだからである。もう少し説明しよう。引き算の筆算を学ぶ最初の段階で，学習者はやり方を言い表したり，それについての質問に応えることができるようになったりするだろう。しかし，実際にそれができるとは限らない。これは，手続きがプロダクション構造になっているのに，学習者が情報領域の知識を理解するのと同じ方法でそれを理解しているからだと思われる。次の章で示すように，この手続き的知識の特徴は，新分類体系の各レベルの心的プロセスでどのようにその知識が実行されるかに関わってくる。

　情報の領域と同じように，心的手続きの領域も階層構造となっている。階層構造の最上部は，多様な成果や結果を生み出す非常に強靱な手続きで，相互に関係する多くの手続きを実行することを含んでいる。専門的には，この操作は「マクロ手続き」(Marzano & Kendall, 1996a) と呼ばれる。マクロというのは，この手続きが非常に複雑で，いろいろな形で運用される下位要素をたくさん持っているからである。たとえば，作文の手続きは，マクロ手続きの定義にかなう。同じトピックについて書く別々の学習者は，同じトピックを示され同じ手順を踏んでいるにもかかわらず，まったく異なる作文を書く。

階層の中間部分にあるのは，マクロ手続きが生み出すような多様な結果を生まない心的手続きで，また多様な下位要素も持っていない。これらは，よく「方略」と呼ばれる（Snowman & MacCown, 1984 を参照）。たとえば，ある人がヒストグラムを読み取る方略を持っているとしよう。方略は，決まった順番のステップではなく，全体の流れの中で適宜使われる一般的なルールである。たとえば，ヒストグラムを読み取るための方略は，次のルールによって示される。(a)凡例に示された要素をはっきり認識する，(b)グラフの各軸が何を表しているかを認識する，(c)2つの軸の関係を認識する。このルールが実行される一般的なパターンは存在するが，その順番についてはとくにきまりはない。

「アルゴリズム」は，一度学習されると通常は変わることのない心的手続きであり，決まった手順を経て決まった結果を生む。先にあげた引き算の筆算の例は，アルゴリズムである。アルゴリズムは，自動的に実行できるようになり，便利に使えるよう学習しなければならない。

一番単純な心的手続きは，単一のルール，あるいは複数の手順を含まないルール群である。単一ルールは，1つの if-then のプロダクションによってできている。もし(if) Xが起これば（then）Yが引き起こされる。単一ルールによる心的手続きは，常にセットで実行される。たとえば，大文字を使うルールを5つ知っている学習者は，作文を推敲するときにそれらを用いる。単一ルールをまとめて使うのである。学習者がそれらのルールを順序よくシステマティックに適用するとき（すなわち，各文頭を大文字にし，次に大文字ではじめるべき名詞をチェックし…というように），複数の単一ルールが，手順をどれぐらい固定的な順番で実行するかを反映した方略やアルゴ

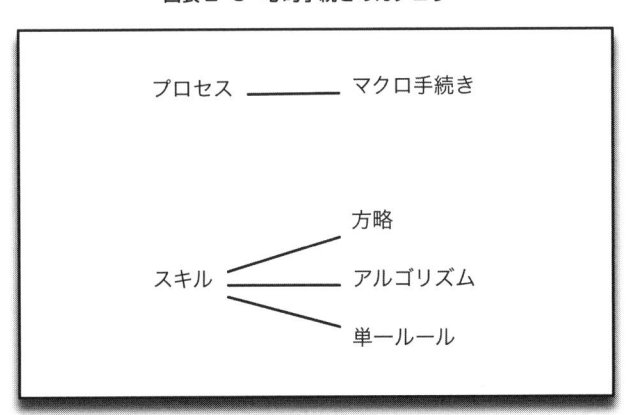

図表2-5　心的手続きのカテゴリー

```
プロセス ——— マクロ手続き

                    方略
スキル ———  アルゴリズム
                    単一ルール
```

リズムに組み替えられる。

　新分類体系では，心的手続きを2つに分けている。(1)練習によって，実行が自動化されたりほとんど意識されなくなる手続き，(2)コントロールしなければならない手続き，である。方略，アルゴリズム，単一ルールは，練習の結果，自動化したり，無意識でできるようになる。マクロ手続きは，その性質上，意識的に実行される。方略，アルゴリズム，単一ルールをまとめて，スキルと呼ぶ。マクロ手続きをプロセスと呼ぶ。図表2-5に示すように，新分類体系では，心的手続きの2つのカテゴリーを「プロセス」と「スキル」と表す。

精神運動手続き

　その名が示すように，精神運動領域は，人が日常生活を営んだり，仕事や遊びのために複雑な活動をしたりするときに身体を動かす手続きのことである。ブルームら(1956)が精神運動のスキルを領域として切り分けたことに端を発する。しかし，この領域についてブルームらが書いたものは出版されたことはない。

　新分類体系で，精神運動領域を知識とするのはなぜだろうか。精神運動手続きは，2つの意味で知識の1つのタイプだと言える。まず，それは心的手続きとまったく同じ形式で記憶に貯められるということ。つまり，if-thenのプロダクション・ネットワークによって，記憶されるのである (Anderson, 1983)。もう1つは，精神運動手続きを獲得するための段階は，心的手続きを獲得する段階と，まったく同じではないにしても類似していることである (Anderson, 1983, 1985 ; Gagne, 1977, 1989)。すなわち，どちらもまず情報として学習され，練習によって円滑化され，最終的には自動化あるいは自動化に近い状態になるということである。

　他の2つの領域と同様，精神運動領域も階層構造をもつ。最下部には，基礎的な身体能力があり，その上により複雑な手続きが積み上がる。Carroll (1993) は，基礎的身体能力について，次のような多数のものをあげた。

　　静止状態での力
　　身体全体の平衡感覚
　　四肢を動かすスピード
　　手首・指を動かすスピード
　　指先の器用さ
　　手先の器用さ

腕と手の安定性
コントロールの正確さ

このリストからわかるように，精神運動手続きは，通常学校教育とは無関係に発達する。たしかに，これらの身体機能は，自然に実行される。しかし，この基礎的スキルが，指導と練習によって改善できないということではない。実際，手先の器用さは，教えることによって上達する。指導を通して上達させることができるものは，知識と認められる。

基本的・基礎的な手続きの上の層にあるのは，バスケットボールのフリースローのように，それらを組み合わせただけのものである。その名が示すとおり，「手続きの単純な組合せ」は，同時並行で行なわれる基礎的手続きを複数含んでいる。たとえば，フリースローは，手首・指を動かすスピード，コントロールの正確さ，腕と手の安定性など，たくさんの基礎的手続きの相互作用による，手続きの単純な組合せである。

最上位には，手続きの単純な組合せをまとめて用いる「手続きの複雑な組合せ」がある。バスケットボールのディフェンスには，スクワットをした姿勢のまま腕を振り，左右に移動する動きが欠かせない。通常はスポーツやリクレーション活動だと思われているものは，何かの身体の動きを実現するための手順の組合せだと見なすことができる（決まったラケットでネットを越えてコートの中に入るように球を打ち返すなど）。

新分類体系では，精神運動量領域を2つに分ける（図表2-6）。

以上のように，新分類体系における知識の3つの領域は，図表2-7に示す要素に

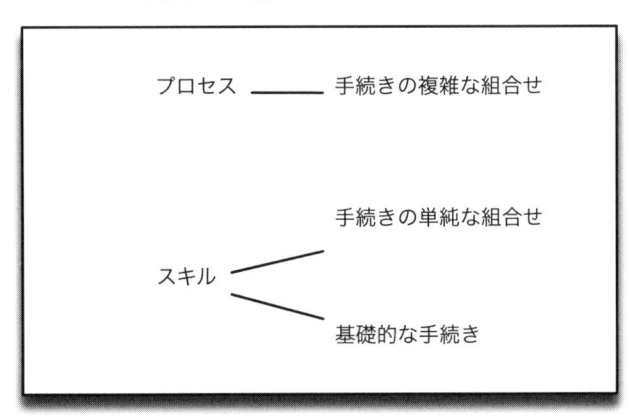

図表2-6 精神運動手続きのカテゴリー

```
プロセス ───── 手続きの複雑な組合せ

                    手続きの単純な組合せ
スキル ─┤
                    基礎的な手続き
```

図表2-7　3つの知識領域の要素

情　報	1. 枠組み	原理 一般概念
	2. 詳細事項	時系列 事実　語彙
心的手続き	1. プロセス	マクロ手続き
	2. スキル	方略 アルゴリズム 単一ルール
精神運動手続き	1. プロセス	手続きの複雑な組合せ
	2. スキル	手続きの単純な組合せ 基礎的手続き

分けるのが目的にかなっている。

ブルームの分類体系との関連

　まとめると，新分類体系では，知識をさまざまな知的処理によって用いられるものとして扱うが，これは，ブルームの分類体系とはかなり異なっている。また，精神運動手続きを心的手続きや情報と同じく，知識の一つのタイプとして扱っているが，これも大きな違いである。新分類体系とブルームの分類体系で共通しているのは，情報のタイプについてである。両者ともに，情報の階層の最下位に用語や語句を位置づけ，一般概念と原理を最上位に位置づけている。

> **【要　約】**
>
> 　この章では，知識の3つの領域について論じた。(1)情報，(2)心的手続き，(3)精神運動手続きである。情報は命題ネットワークとして記憶されるが，心的手続きおよび精神運動手続きは，プロダクション・ネットワークとして記憶される。それぞれの領域に含まれる要素は，2つのカテゴリーに整理されている。情報領域は，詳細事項と枠組み，心的手続きおよび精神運動手続きは，スキルとプロセスである。

（訳　注）

プロダクション・ネットワーク：人工知能のプログラムにおいて用いられたプロダクション・ルールの集大成をいう。プロダクションは，このプログラムの1つのステップを指しており，条件（if）とアクション（then）によって構成される。条件が満たされると，それに続くアクションが実行（点火）される。引き算など計算の手続きは明確であるため，よく研究された。

　　通常，複数桁の筆算は，まず，一番右の列に着目して，次のような手続きで実行される。
　　（if）引く数が0であれば，（then）引かれる数をそのまま答えの行に書き入れる
　　（if）引く数が0でなければ，（then）引かれる数と引く数の大きさを比較する。
　　（if）引かれる数が引く数より大きければ，（then）引かれる数と引く数の差を答えの行に書き入れる
　　（if）引かれる数が引く数より小さければ，（then）上の位から1を借りてきて2桁の数にしてその数と引く数の差を答えの行に書き入れる

このようなルールの1行1行がプロダクションであり，それらを総合したものがプロダクション・ネットワークである。

3章 ｜ 3つの思考システム

1章で紹介した3つの思考システムは，新分類体系の心臓部である。自律システム，メタ認知システム，認知システムの3つの思考システムは階層になっている。さらに，認知システムの中の要素も，階層的に並べられる。つまり，新分類体系は6つのレベルをもつ（図表3-1）。

図表3-1　新分類体系における6つのレベル

レベル6：自律システム

レベル5：メタ認知システム

レベル4：知識の活用 ─┐
　　　　　　　　　　　│
レベル3：分　析　　　 │
　　　　　　　　　　　├ 認知システム
レベル2：理　解　　　 │
　　　　　　　　　　　│
レベル1：取り出し ───┘

記　憶

新分類体系の6つのレベルについて詳しく論じる前に，まず記憶の性質と機能についてみておく必要がある。人間の記憶の性質と機能のモデルはさまざまに存在する。Anderson (1995) は，記憶を2つのタイプ（短期記憶と長期記憶）に分けるという捉え方から，1つのタイプの記憶が複数の機能を持つという捉え方に変わってきたという。これを理解するためには感覚記憶，永続記憶，作業記憶の3つの機能について考える必要がある。

「感覚記憶」は感覚から得られた情報の一時的な記憶をつかさどる。Anderson

(1995) は感覚記憶について以下のように説明している。

　感覚記憶は，見聞きしたものを短時間であればほぼ完璧に記憶することができる。その間に，人は要素間の関係を読みとって，各要素を記号化して永続記憶に蓄積する。もしも情報が感覚記憶にある間に記号化されなければ，その記憶は失われる。何が記号化されるかは，何に注意を払っているかに依存する。環境には通常，一度に処理し，記号化できないくらい多くの情報がある。したがって，感覚記憶でとらえることの多くは永続記憶には残らない (p. 160)。

「永続記憶」は知識領域を構成する枠組み，スキル，プロセスに関するすべての情報を扱う。つまり，何かのやり方について理解し，知っているすべてのことは永続記憶に貯えられているのである。
「作業記憶（ワーキングメモリー）」は感覚記憶と永続記憶の両方からくる情報を扱う。その名（ワーキング）が示すとおり，ここでは情報が活発に処理される。この流れを表したのが図表 3-2 である。

図表 3-2　記憶の種類

外の世界 → 感覚記憶 → 作業記憶 ⇄ 永続記憶

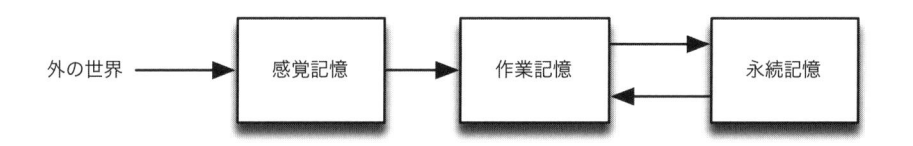

　図表 3-2 に示すように，作業記憶は短時間しか保持されない感覚記憶と永続的に保持される永続記憶，もしくは両方から情報を受け取ることができる。作業記憶にとどまる情報の量に理論的制限はない。意識がそこにある限り，その情報は活性化したままである。したがって作業記憶は意識のありかだと考えられる。意識にのぼる経験は，実際には作業記憶で処理された経験なのである (Denentt, 1969, 1991)。

レベル1：取り出し（認知システム）

　作業記憶の基本を理解すると，「取り出し」とは，永続記憶から知識を処理する作業記憶に知識を移動させて活性化させることとみることができる。情報の取り出しは認知システムの中のプロセスの一部であり，もちろんすべての人間に神経学的に決定

付けられた生得的なプロセスである。このプロセスは一般に無意識的に行なわれる。

情報の取り出しの実際のプロセスは，処理される知識の種類と処理の程度によって少々異なる。新分類体系では，情報の取り出しは「再認」もしくは「再生」と関連している。この区別は心理学では長い歴史（たとえば，Spearman, 1927）を持ち，実験的にも確かめられている（Laufer & Goldstein, 2004）。再認は，刺激やきっかけと永続記憶上の情報を対応させることのみをさす。一方再生には，情報を再認することと関連情報をつくり出すことが必要となる。たとえば，いくつかの選択肢の中から同義語を選ぶ場合，それは再認である。単語を定義したり，同義語を答える場合は再生である。その語を再認するだけでなく，適切な回答を作り出さなければいけない。この区別はレベル1内における難易度の差となる。

再生を再認と分かつもうひとつの違いは，情報が永続記憶から取り出されるとき，そこで行なわれているのは，再認レベルでの情報の対応付けだけではないことである。取り出された情報には最初に学習したときには明示的でなかった要素がつけ加わっている。人間は作業記憶にのぼった情報を詳細化する。そして，それはのちに再生するときに利用される。次のような情報を聞いたと仮定しよう。

　　メアリーとサリーという2人の幼い少女がマッチの束を見て，すぐにどうやってそれで遊ぶか考えはじめました。その夕方，家は炎に包まれました。

厳密な論理的な意味において，この情報は不完全である。この文には，直接子どもたちの遊びと火事との関係を示す文はない。正確な状況を把握するためには，「子どもたちはマッチで遊び始め，そのゲームによって家に火が付きました」というような，欠けている情報を推量しなければならない。作業記憶において，全体として筋が通るように下記のような情報がつくり出されることになる。

命題1：メアリーとサリーという2人の幼い少女がマッチを見ている（事実）
命題2：子どもたちは遊びについて考えはじめた（事実）
命題3：そのゲームはマッチを使うものである（推量）
命題4：子どもたちがマッチで遊んでいるうちに家に火が付いた（推量）
命題5：火事は事故だった（推量）
命題6：家に火が付いたのは午後の早い時間だった（推量）
命題7：夕方までに家は火に包まれた（事実）
命題8：家は壊れたか，激しいダメージを受けた（推量）

ある研究者は，この論理的に補われた情報のことを指して「ミクロ構造」と呼んでいる (Turner & Greene, 1977)。明らかに，ミクロ構造を完成させるのに主要な役割を果たすのが推量である。推量には基本的な2つのタイプがある。常識的推量と論理的推量である。常識的推量とは，人々，場所，もの，出来事，そして抽象概念に対していつも行なっている推量である (de Beaugrande, 1980；Kintsch, 1979；van Dijk, 1980)。たとえば，「ビルは犬を飼っている」という文を読んだとき，即座に「犬には4本の足がある」，「犬は骨が好きだ」，「犬はなでられるのが好きだ」などの情報を追加する。それは言い換えれば，犬についての情報を持っているということである。明示されていないのに，とくにことわりがなければこれらの常識的な情報がこの犬にあてはまると推量するのである。

　論理的推量は，明示されていない情報を追加するためのもうひとつの方法である。この推量方法は常識的知識の一部ではない。推論による結果である。たとえば，もし「実験心理学者は真偽を確かめるためには一般化できるか検証しなければならないと信じている」という文を読み，のちにある実験心理学者が新しい理論について知ったと聞くと，その心理学者はその理論を検証しようとすると推量するのが自然である。この推量は心理学者に関する常識から来たものではなく，先に読んだ実験心理学者に関する情報からきたものである。

　情報領域の知識は，再認や再生だけだが，心的手続き領域と精神運動手続き領域の知識は「実行」することができる。2章で説明したようにすべての手続きはプロダクションと呼ばれる if-then 構造を持っている。

　プロダクションのステップが実行されると，結果が生成される。たとえば，前章で見たように引き算の筆算では，プロダクションが実行されると1つの答えが産出される。これを「手続き的知識が実行された」と言うことができるが，「情報が再認され，再生された」とも言うこともできる。しかし同時に，手続き的知識自体も再認され，再生されるものだということも事実である。なぜならすべての手続きにも情報が埋め込まれているからである。筆算による引き算の手続きについてのプロダクションをもう一度みてみよう。

1a.　If　　　　目標が引き算の筆算であれば
1b.　Then　　　対象を一番右の列に焦点化して処理する
2a.　If　　　　注目している列に答えがあり，1つ左の列に数があれば
2b.　Then　　　対象を左の列に移して処理する
3a.　If　　　　目標がある列の処理で，下の行に数がないかあるいは0であれば
3b.　Then　　　上の数を答えとして書き入れる

この手続きを確実に実行するためには，いくつかの基本的な情報を理解しておかなくてはならない。たとえば

　一番右の列は1の位
　その左の列は10の位
　さらに左の列は100の位，などである。

このように，手続きには一般に，その処理を確実に実行するために理解しておくべき情報が含まれている。手続き（もしくは少なくともその処理に埋め込まれている情報）が再認され，再生されるというのはこのためである。いずれにしろ，当然，手続き全体として実行されなければならない。

●ブルームの分類体系との関係

新分類体系の認知プロセスにおける情報の取り出しは，ブルームの分類体系の知識と同じである。ブルームら (1956) は知識カテゴリーを以下のように説明している。「分類体系の趣旨から，知識を事象やアイデアをなるべく元の形のまま記憶することよりも少し大きな概念として定義した (pp. 28-29)」。そして，「知識は，再認でも再生でもアイデアや考え，現象の記憶に比重がかかる行動や検証を含んでいる (p. 62)」という。ブルームが知識領域の例としてあげるものは情報のみであるが，知識として示された例からは，彼が心的手続きの実行を意図していることが推察できる。ブルームが引き出す対象（知識）と引き出すプロセス（再生や実行）を一緒に扱っていることには注意しておきたい。新分類体系ではそれらを明確に区分している。

レベル2：理解（認知システム）

認知システムにおける「理解」のプロセスには，知識を永続記憶に記憶しやすい形に変換する役割がある。感覚記憶を経由して作業記憶にわたった情報は，そのままでは永続記憶に入らない。先に，学習者が常識や論理的な推量によって隠れた情報を補填することをみた。しかし，効率的に情報を永続記憶に蓄積するには，本質的でない情報を省いて大事な情報だけを維持するように，構造と形が変換されなければならない。その際，記憶の対象は理解できるものに限定される。理解のプロセスは，情報の重要な特徴を永続記憶に保存することなのである。

理解には「統合」と「象徴化」の2つのプロセスがある。

●統 合

「統合」は，はある知識を重要な特徴にしぼって，限定的で一般的な形式に変換するプロセスである。ミクロ構造に対して，この形式をマクロ構造と呼ぶ (Kintsch, 1974, 1979 ; van Dijk, 1977, 1980)。ミクロ構造は直接経験や推量で得られる情報からなり，マクロ構造はミクロ構造の情報の要点からなる。統合のプロセスは，経験で得た新しい知識を永続記憶上にある古い知識に混ぜ入れることである。これは，専門的には「マクロルール」と呼ばれるルールの適用によって遂行される。たとえば，van Dijk と Kintsch (1983) はミクロ構造をマクロ構造に変換する際の3つのルールを示している。

1. 削　除：一連の命題から他の命題に直接関係しないものを削除する
2. 一般化：複数の命題をより一般的な形式の情報を含む1つの命題に置き換える
3. 構　成：命題のセットをより一般的な用語を用いて，そのセット内の情報を含む1～2の命題に置き換える

これらのルールが適切に運用されたとき，不要な細部を省いて不可欠なところだけを抽象化した情報が作り出されることになる。読んだことのある物語のおおまかな情報や話の流れは思い出せても，細かい部分を思い出せない理由は，これである。

効果的に知識を統合できているかは，その知識のマクロ構造（知識の不可欠で重要な要素についての総括）を作り出すことができているかどうかにかかっている。

●象徴化

「象徴化」は，マクロ構造となった知識にもとづいて象徴を作り出す，理解のプロセスである。心的プロセスとしての象徴化の概念は，Paivio (1969, 1971) の二重符号化説に基づいている。この理論によれば，情報は言語とイメージという2つの形式に処理される。言語形式は意味的な表象であり，命題やプロダクションとして表わされる。これは永続記憶上に保存される形式と考えられる。一方，イメージ形式は映像記憶，あるいは，匂いや味，手触り，運動感覚や聴覚などの身体的感覚として表わされる (Richardson, 1983)。

つまり，象徴化はマクロ構造に含まれる知識を言語ではない象徴的なイメージ形式へと変換することである。Hayes (1981) は以下のような物理学の方程式を用いてこの表象のプロセスを説明している。

$$F = \frac{(M1 \times M2)\ G}{r^2}$$

　この方程式は力（F）は，2つの物体（$M1$ と $M2$）の質量と万有引力定数（G）の積を，2つの物体の距離（r）の2乗で割ったものに等しいことを示している。この情報を象徴的に表わすやり方はいくつかある。Hayes (1981) は宇宙の中に2つの大きな球体をおき，その真ん中にいる学習者がそれらを離して持つイメージを提案している。

　もしも，球体のどちらかがとても重かったら，両方とも軽いときよりも，離れたままにしておくのは難しいと思うだろう。どちらかの球体の質量が増えるにつれて必要な力が増えるので，質量は分子側にあるはずだ。どちらかの球体を押してさらに離そうとするとき，2つの磁石を離すと磁力が減ってくるように，2つの物体の間の引力は弱まるように感じる。距離が増えると力は弱まるので，r（両者間の距離）は分母に入ることになる (p. 127)。

　小学校から高校でよく使われる象徴化の方法は言語とイメージを組み合わせるグラフィックオーガナイザー（訳注：アイデアを書き出して思考を補助するための図式。日本ではシンキングツール，思考ツールなどと呼ばれる）である。グラフィックオーガナイザーがさまざまな領域でどのように使えるのかは，Clarke (1991) や Heimlich と Pittelman (1988)，Jones ら (1987)，そして McTighe と Lyman (1988) を見ればよい。その中で，とても豊富な情報をもつ知識が，非常に簡単なパターンで象徴化できることが示されている。
　Cooper (1983)，Frederiksen (1977)，Meyer (1975) らの研究には，以下のようなパターンがよく使われる整理方法としてあげられている。

- 特徴パターン
　　特徴的な人，場所，ものや出来事などの事実や特徴を整理する。整理は順序不同でよい。たとえば，コロラド州についての映画をみて，その位置，高度，そこでおきた特別な出来事の情報などをパターンに沿って書き出すなどである。
- 時系列パターン
　　出来事を時系列で整理する。たとえば，1999年のコソボ戦争中におきた出来事についての章を時系列パターンで整理することができるだろう。

- 因果パターン
  　特別な結果に結びつく因果関係や，特定の成果を生み出す手順を整理する。たとえば，コソボ戦争に至った原因などは因果パターンで整理することができる。
- 問題解決パターン
  　問題の明確化や可能な解決方法を導くように情報を整理する。たとえば，作文で起こりやすいさまざまな文法上のミスとそれを訂正する方法についての情報は問題解決パターンとして整理される。
- 一般化パターン
  　一般概念とそれにあてはまる例を整理する。たとえば，教科書のアメリカの大統領に関する章を，この帰納方法を用いて「合衆国大統領はしばしば強い影響力をもつ家系から出る」というように整理できる。このことは具体例と一緒に示される。

　各パターンには，固有のグラフィックオーガナイザーが役に立つだろう。それぞれのオーガナイザーを図表3-3に表す。

●ブルームの分類体系との関係

　新分類体系における「理解」は，ブルームの「理解」とかなり類似している。ブルームら（1956）は理解を以下のように定義している。

> 「理解」という用語を，言語コミュニケーションの理解に関する「目標」，「行動」，「反応」として使用している。何かを理解していると，頭の中でのコミュニケーションの処理や，目に見える反応の仕方が，自分自身にとってより意味のあるものに変わる。またコミュニケーションの中に出てきたことだけでなく，そこから未知のことを推測して反応することもある (p. 89)。

　これまでにみたように，ブルームの分類体系は3つの「理解」のタイプ，「転換」，「解釈」，「外挿」を区別した。「転換」はどちらも最初に受け取った情報とは違った形式に記号化する点で，新分類体系における「象徴化」と同じである。しかし，象徴化はブルームの「転換」よりも記号や非言語の形式を重視している。ブルームの「解釈」は新分類体系の「統合」と同じである。両方とも知識を，知識全体と知識の要約という視点からみているからである。しかし，ブルームの分類体系の「外挿」には新分類体系の「理解」のプロセスより高いレベルの推量が含まれている。

図表3-3 さまざまなパターンのグラフィックオーガナイザー

特徴パターン

時系列パターン

因果パターン

問題解決パターン

一般化パターン

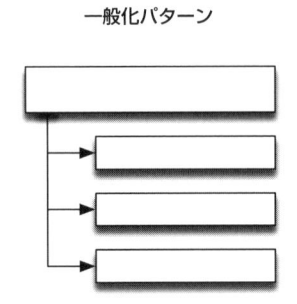

レベル3：分析（認知システム）

「分析」は推量によって知識を拡張することである。分析プロセスを働かせることで理解した知識を詳細化するのである。この詳細化は，知識が最初に作業記憶にミクロ構造の形式で駐在したときに行なわれる推量をはるかに超えたものである。理解のプロセスでは，不可欠な特徴とそうでない特徴が区別されるが，分析はそれより高次である。分析には，いまだ手に入れていない情報を生成することも含まれている。

分析には5つのプロセスがある：(1)比較，(2)分類，(3)エラー分析，(4)一般化，(5)具体化である。そして，それぞれの認知的操作が無意識的に，そして頻繁に実行されることに注意したい。しかし，分析ツールとして行なわれるとき，それらは意識的に正確に実行される。このときの学習者は，知識を何度も変更し，洗練させることを繰り返す。

多くの研究者がこのような人間の学習のダイナミックさを証明している。たとえばピアジェ（1971）は学習に関して2種類の基本的な型を示している。一つは新しい情報が学習者の既有知識に統合されるもの。これを「同化」と言う。もう一つが，「調整」と呼ばれる，既存の知識構造自体の変更である。他の研究者や理論家も同様の区別をしている。Rumelhart と Norman（1981）は3つの学習のタイプを提示している。最初の2つは「累加」と「調整」で，時間をかけて情報を少しずつ積み重ねることと，その情報を集約して表現することである。3つめは「再構成」と呼ばれ，新たな洞察を生み出し，新しい状況で使用することができるように情報を再構成するプロセスである。分析にあたるのは，ピアジェの調整，Rumelhart と Norman における再構成などのようなタイプの学習である。

●比　較

「比較」のプロセスは，知識の要素間の共通点と相違点を明確にすることである。このプロセスはおそらく，情報処理のすべての面において基礎となる（Smith & Medin, 1981）。比較はすべてではないにしても，分析におけるほとんどのプロセスの基礎である。Arthur Markman らは比較に関して，2つの側面のうち共通点を見つけることがより重要だという。共通点の指摘なしに相違点を見つけることはできないからである（Gentner & Markman, 1994；Markman & Gentner, 1993a, 1993b；Medin et al., 1995）。

比較は課題によって簡単にも複雑にもなる（Mandler, 1983）。たとえば，小さな子どもでも公園で見た2匹の犬の共通点を，簡単かつ自然に見つけることができる。しかし，その2匹の犬を種別の特徴という視点で比較し，共通点と相違点が犬種の判定に

どう効いたか説明するように子どもに求めたとき，それはとても難しい問いになるだろう。比較は後者のような課題を指している。Stahl（1985）と Beyer（1988）は効果的な比較には以下のような特徴があると指摘している。

- 比較されるものを，どのような属性や特徴によって分析するのかを特定する
- 対象の異同の程度を明確にする
- 類似点と相違点をできるだけ正確に示す

●分　類

「分類」は，知識を意味のあるカテゴリーに整理することである。比較と同様，この機能は人間の思考において基本的なものである。Mervis（1980）が言うには，この世界は莫大な数の刺激によって構成されている。人は，無数の刺激を類似したカテゴリーに入れることで，よく知らないものを知っているものに変えるのである。Nickerson ら（1985）もまた，似た刺激をカテゴリー化する能力がすべての思考の中心であるという。

分類のプロセスは自然に行なわれるが，それを分析の道具にしようとすると，難しい課題になる。Marzano（1992）や他の研究者（Beyer, 1988；Jones et al., 1985；Taba, 1967）は効果的な分類の仕方を以下のように示している。

- 分類する事項の決定的な特徴を明確にする
- その事項が属する上位のカテゴリーを示し，その理由を説明する
- その事項の下位カテゴリーをひとつ（もしあれば複数の）示し，事項とそれらの関係を説明する

●エラー分析

「エラー分析」は，知識の論理性，合理性，正確性のチェックを担当する。この認知的機能の存在は，情報が正しいものとして受け入れられるためには，それが納得できるものでなければならないことを意味している（Gilovich, 1991）。学習者が何かのトピックについての文章を読んでいるとしよう。入ってきた情報が作業記憶上にあるとき，新しい知識がそのトピックについての既有知識に照らしてチェックされる。もし，その情報が非論理的だったり，納得できないと思うなら，永続記憶に保存される前にそのようにタグ付けされる（印を付けられる）か，保存自体されないことになる。人は自然に素早く，知識がどの程度納得できるかを判断する。新分類体系における分析スキルとしてのエラー分析は，⑴明確な基準に基づいて意識的な妥当性を判断するこ

とと,(2)示されたことの論理的なエラーを特定することの2点を含んでいる。

この機能をうまく働かせるためには,論拠とは何か,筋を通すとはどういうかについて(必ずしも専門的でなくてよいが)基本的なことを理解している必要がある。Toulminら(1981)は妥当性について正しい判断をするために知っておくべきことは何か詳しく述べている。この要旨を図表3-4に示す。

学習者は根拠,理由付け,裏付け,限定について,その名前や決定的な特徴などの専門的なことは理解しておく必要はない。しかし,主張にはそれを支える事実が必要なこと(根拠),根拠の情報源が明確であること(保証),その根拠は議論され説明されていること(裏付け),そして,主張の例外が明確にされていること(限定)が妥当性を担保するということには気づいておく必要がある。

これまでの議論は情報のエラー分析についてであった。心的手続きや精神運動手続きに焦点を当てたとき,エラー分析はまったく別の問題になる。これを理解するために,筆算による引き算の心的手続きについて考えてみよう。BrownとBurton(1978)は中学生が次の2つのエラーを犯すことを発見した。

図表3-4 主張と根拠

1.	根拠:主張には通常,根拠がある。主張のタイプによって根拠は異なる。 ・常識的な知識 ・専門家の意見 ・それまでに確立されている情報 ・実験観察の結果 ・事実であると考えられる他の情報 (例:ヘミングウェイが優れた作家だという根拠は,その作品についての文学評論専門家であるジョンソンの文芸批評の中に見つけることができる)
2.	理由付け:理由付けは根拠の情報を具体化したり,解釈したりするものである。主張のもとになるものや,それがどのように主張につながるのかを具体的に示すものを根拠と呼ぶのに対して,理由付けは根拠となる情報を詳細に分析したものである。 (例:ジョンソンはヘミングウェイの小説をよい作品の第一条件,つまり,読者の気持ちを揺り動かすことの例にあげている)
3.	裏付け:裏付けとは理由付けの妥当性を検証することである。理由付けは元来,完全に信頼できるわけではない。したがって,それを妥当だとして受け入れるかどうか検討するのが適切である。 (例:ジョンソンがヘミングウェイの批評で用いた条件は,もっともよく使われる条件のひとつである。事実,Pearlsonは以下のように述べている。……)
4.	限定:すべての理由付けが同じくらいの確実性を持って主張につながるわけではない。したがって,主張の確実性,もしくは主張自体をどれぐらい限定的にみることができるかを示す必要がある。 (例:ヘミングウェイの専門知識はすべての……に評価されているわけではないことに注意する必要がある)

```
    500      312
  -  65    -243
    565      149
```

　Anderson（1990b）によれば，これらのエラーを見たときに多くの人は，不注意だろうとか，筆算のやり方をほとんど知らないんじゃないかと思うと言う。しかし，Brownらはこれらが実は自ら作ったルールに沿った結果であると説明する。「0 − N = N：もしもある数字が0から引かれた場合，答えは引く数字になる」というルールである。本来の手順にシステマティックなエラーが挿入されることをバグと呼ぶ。Brownらは引き算のプロセスに持ち込まれる110個ものバグを見つけ出した。

　心的手続きと精神運動手続きは，とくに学習の初期段階においてバグの影響を受けやすい。数理科学教育委員会（1990）は，手続き的知識が一連の手順としてのみ教えられた場合，処理能力の向上にはつながらないと警告している。同様に，Clementら（1979）は代数処理に含まれる手順を深く理解しているように見えたとしても，ほとんどの場合（80％以上）その手続きを適切に解釈し適用できるわけではないと言う。さまざまな研究で，一般に手続き的知識を教えるのに最もよい方法は，（とくに数学領域の場合）概念的なアプローチであることが示されている。

　手続きがバグを含むのであれば，心的手続きや精神運動手続きにおけるエラー分析は，バグを見つけ，修正することである。しかし先述のとおり，エラー分析のプロセスは，処理手続きを概念的に理解させるように教えられるべきである（Corno et al., 2002）。具体的には，心的手続きや精神運動手続きの一つひとつのステップが，全体の結果に対してどのような影響を与えるかという視点から確かめさせる方法である。

●一般化

　「一般化」は，既知の情報や観察した情報から新しい一般的な概念を構成するプロセスである。このプロセスには推量が含まれている。それはミクロ構造やマクロ構造をつくるときに行った推量よりも高次な作業である。一般にこの推量の特徴は，帰納的なことだと考えられる。

　一般化が推量によって行なわれることと，帰納と演繹について広く理解されていること（あるいは，誤解されていること）には乖離があるので，帰納と演繹について整理し，それらと一般化のプロセスとの関係についてみておくのがよいだろう。「帰納」は通常，具体事例から一般的な概念を推量することとみなされる。Hollandら（1986）は帰納のプロセスに4つのルールがあると言う。「特殊化ルール」は，過去に一般化されたルールが別の状況にあてはまらないときに，より特殊なルールを生み出すことをいう。「例外ルール」は，ルールに限定されていないことがある状況で起こったと

き，その状況の条件をもとのルールに追加するというものである。「多数ルール」は，一般化ではすべての具体事例にあてはまるようにルールが作られ，ルールに含まれる変数の影響力はその具体事例の数に比例するというものである。具体事例が多ければ多いほどルールは強固になる。「規制ルール」は，「人がXをするにはまずYをする」というルールを持っているとき，「Yをしなければ，Xはできない」というルールが作られるということをいう。

「演繹」は一般に，一般的ルールから個別事例を推測することと見なされる。演繹的推量もルールに基づく。Hollandら (1986) は演繹ルールを「共時的」，「通時的」の2つのカテゴリーに分けた。共時的ルールは常に成立するルールであり，分類やカテゴリー化の基本となる。共時的ルールには提言型と連想型の2つのタイプがある。たとえば，以下のようなものである。

1. 提言型
   a. もし対象が犬なら，それは動物である。
   b. もし対象が大きく，白と金の長い毛をもった細い犬なら，それはコリーである。
2. 連想型
   a. もし対象が犬なら，猫の概念を活性化させる
   b. もし対象が犬なら，骨の概念を活性化させる

通時的ルールは因果や時系列の基本的な関係である。通時的ルールも2つに分けられる。予想と効果である。以下に例を示す。

1. 予　想
   a. もし犬に嫌がらせをすれば，その犬はうなるだろう
   b. もし口笛を吹いて犬を呼べば，その犬は来るだろう
2. 効　果
   a. もし犬があなたを追いかければ，逃げるだろう
   b. もし犬がしっぽを振ってあなたのもとにくれば，その犬をなでるだろう

より細かいルールを演繹の基礎とする心理学者もいる (Braine, 1978参照)。それらのルールは心の中の論理だと言われることがある。Johnson-Laird (1983；Johnson-Laird & Byrne, 1991) は象徴的記号に基づいた演繹の理論を開発した (訳注→章末)。

一般化のプロセスは，純粋な帰納でも演繹でもない。完全に帰納的もしくは演繹的

な精神手続きなどないと言った方が安全だろう。むしろ，推量は従来考えられていたよりも，複雑で複線的なものだと言われている（Deely, 1982；Eco, 1976, 1979, 1984；Medawar, 1967；Percy, 1975）。哲学者たちは，推量とは何かを理解するために，「仮説生成」という概念をつくった。仮説生成は，一つあるいは複数の現象をもとにアイデアを形成し概念化することである。このプロセスで行なわれる推量は，帰納的であることもあれば，演繹的であることもある。新分類体系では，一般化は演繹よりも帰納に近い仮説生成のプロセスとされているが，帰納，演繹の両面を含んでいる。地域について学んだ3つの一般概念から新しい一般概念をつくり出す分析的プロセスはそれにあたる。

一般化において不可欠な特徴は次のものである。

- 特定の情報に着目し，仮説を作らずに観察する
- 情報のパターンや関係をさがす
- パターンや関係を説明する一般的な文言をつくり出す

●具体化

「具体化」は，すでに知っている一般概念や原理を新しく適用するプロセスである。一般化の分析プロセスが帰納的なのに対して，具体化のプロセスは演繹的である。ベルヌーイの定理があてはまる新しい状況や現象を明示するのは，具体化である。原理を理解して，知らなかった新しい適用方法を示すことになる。

具体化は以下の特徴をもっている。

- 個別の事例にあてはまる一般概念や原理を明確にする
- 個別の事例が一般概念や原理を適用するための条件を満たしているかを確かめる
- 一般概念や原理を当てはめ，どのような結論が得られるのか，もしくはどのような予想が可能なのかを示す

●ブルームの分類体系との関係

新分類体系での分析はブルームの分類体系の少なくとも3つのレベルを含んでいる。「比較」はブルームの分類体系ではレベル4（分析）で，「関係性の分析」と近い。「分類」は，ブルームではレベル5（総合）に含まれる，「抽象的な関係性の創出」と同じである。情報に対する「エラー分析」の意味はレベル6（評価）における「内的基準による判断」で述べられている。また，レベル4（分析）における「構成要素の分析」とも類似している。

「一般化」や「具体化」はブルームにおけるレベル4から6に含まれる多くの要素と同じか，その一部である。このように，新分類体系における「分析」はブルームの分類体系の上位3つのレベルのさまざまな側面を持っている。

✏ レベル4：知識の活用（認知システム）

活用という名前が示すとおり，「知識の活用」は，課題に取り組む際に活用されるプロセスである。エンジニアが新しいタイプの飛行機をデザインするときに，揚力についての問題を解決しようと思うと，ベルヌーイの定理についての知識を使うことになるだろう。具体的な課題は，知識を個人にとって役に立つものとして適用する場なのである。

知識の活用には，4つのカテゴリを設けている。(1)意思決定，(2)問題解決，(3)実験，そして(4)調査である。

●意思決定

「意思決定」のプロセスは，2つ以上の選択肢から1つを選ぶときに用いられる (Baron, 1982, 1985；Halpern, 1984)。たとえば，意思決定は「○○をするための一番よい方法とはなにか」や「これらの中でどれが一番適しているか」などの質問に答えるプロセスとして表される。市内の具体的な場所についての知識を活用して街の中に新しい公園を造る場所を決めるとき，そこでは意思決定が行なわれていることになる。

意思決定のプロセスについてのモデルはさまざまに存在する (Baron, 1982, 1985；Baron & Brown, 1991；Ehrenberg et al., 1979；Halpern, 1984；Wales et al., 1986 などを参照)。これらのモデルはすべて，別の方法を考えだしたり，適切な基準によって何かを選んだりすることに焦点をあてている。

●問題解決

「問題解決」は，障害のある目標を達成しようとするときに用いられるプロセスである (Halpern, 1984；Rowe, 1985；Sternberg, 1987)。たとえば，以下の問に答えることがそれにあたる。「どのすればこの障害を乗り越えられるか」あるいは，「この条件でどうすれば目標を達成することができるか」。課題の特徴は，障害や制限条件によって明確になる。若い女性が家から数マイル離れた場所に決まった時間までに行かなくてはならないのに車が壊れていたとする。そのとき，問題を抱えることになる。目標（目的地に到着する）を達成しようとしているのに，障害（彼女のよく使う移動方法

は使えない）が発生している。この問題にうまく対応するために，車を時間までに修理するという選択肢を検討すると同時に，自分の車を使う以外の移動方法についての知識（バスを使う，友だちを呼ぶなど）を使うことになる。

効果的な問題解決プロセスは以下のような特徴を持っている。

- 目標の障害となるものを明確にする
- 目標を達成するための選択肢を明確にする
- 選択肢を評価する
- 選択して実行する

◉実　験

「実験」は物理的，心理的な現象を理解するために仮説を立てて検証するプロセスである。この定義からしても，実験は科学的探究の中心である（Tweny et al., 1981 によるベーコン，ニュートン，デカルト，アインシュタイン，ポッパー，クーンの著作集，Aiken, 1991；Himsworth, 1986 を参照）。実験は「どのように説明できるか」「この説明から何が予想できるか」というような問いに答えるプロセスである。新しい飛行機の翼のデザインが揚力と抗力にどう影響するか仮説を立てて検証することは，実験に該当する。ここでいう実験は，科学研究のようには厳密なものではない。それでも実験は同様の仮説の生成と検証という強力な考え方に基づいている。

実験に欠かせないプロセスには以下のものがある

- すでに知っている既知の原理や仮説をもとに予想を立てる
- その予想を検証するための方法をデザインする
- 検証の結果に基づいて予想の妥当性を評価する（Halpern, 1984；Ross, 1988）

◉調　査

「調査」は過去，現在，そして未来の出来事についての仮説を立てて検証するプロセスである（Marzano, 1992；van Eemeren et al., 1996）。たとえば，次のような課題に答えることが対応する。「○○の決定的な特徴は何か」，「どのようにそれが起きたか」，「なぜ起きたか」，「もし○○だったらどうなるか」。ミステリーサークルができる理由を考えて検証することは調査にあたる。

調査で知識を活用するプロセスは，仮説を立てて検証するという点において，実験と似ている。しかし実験とは証拠を用いるためのルールが異なっている（Abelson, 1995；Evans et al., 1993）。調査におけるルールはエラー分析で述べた「適切な立論の基

準」と関係する。つまり，調査において主張の根拠は適切な立論の形式にのっとっていれば良い。しかし，実験で根拠を示すルールは統計的仮説検証の基準に従う。

調査において不可欠なものは次のとおりである。

- 調査している現象に関してすでに知られていることや認められていることを明確にする
- その現象に関する論点やあいまいな点について明確にする
- その議論やあいまいさに対して意見を提供する
- 提案した意見に対して論理的な立論を行なう

●ブルームの分類体系との関係

「知識の活用」のカテゴリー全体はブルームの分類体系の「統合（レベル5）」に最も近い。ブルームの「統合」は知識活用それ自体には言及しておらず，新しい成果やアイデアを生み出すことに焦点が当てられている。新分類体系の知識活用のプロセスは，何か新しい成果を産出することである。たとえば，「意思決定」は選択肢のどれかひとつが他に比べてどう優れているかについての自分なりの認識をつくることだし，「問題解決」は目標を達成するための自分なりの方法を作り出すことである。

レベル5：メタ認知

「メタ認知システム」は研究者や理論家によって説明されてきたように，他のすべてのタイプの思考の作用をモニタリングし，評価し，調整する役割を持っている（Brown, 1984；Flavell, 1987；Meichenbaum & Asarnow, 1979）。同時に，それらの機能は管理制御の機能として扱われることもある（Brown, 1978, 1980；Flavell, 1979, 1987；Sternberg, 1984a, 1984b, 1986a, 1986b）。新分類体系では，メタ認知システムは4つの機能を持っている。(1)目標の具体化，(2)プロセスモニタリング，(3)明瞭性のモニタリング，(4)正確性のモニタリングである。

●目標の具体化

「メタ認知システム」の主要な作業のひとつが，明確な目標を設定することである。次節でも詳しく述べるが，作業に取り組むかどうかを決めるのは自律システムである。しかし，一度作業に取り組むと決めると，その作業に適した目標を設定するのはメタ認知システムである。メタ認知システムの機能は対象となる知識に対して明確な学習

目標を特定することである。たとえば，算数の授業で出てきた知識について，理解を深めたり活用したりするための目標をたてることがその機能である。

目標を特定するときには通常，Hayes（1981）が言う，明確な最終状態，つまり達成されるべき目標はどのようなものかが明確化される。これは，目標達成までの中間目標を決めることも含んでいる。つまり，目標を具体化するということは，学習目標を達成するための計画を作り出すことなのである。このことは最終目標や中間目標が達成されるのに必要な事項といつそれをするかの計画も含んでいる。このタイプの思考は，従来は方略と言われてきた（Paris et al., 1983）。

●プロセスモニタリング

「プロセスモニタリング」は，課題で用いられる手続きの効果をモニタリング（監視）することである。たとえば，棒グラフを読むときの心的手続きやフリースローを打つ際の身体的手続きのモニタリングである。手続きの実行具合は，目標が設定されてからでなければモニタリングできないのは明白で，プロセスモニタリングは，長期目標や短期目標が設定されてから実行される。たとえば，多項式について正しく理解するという目標を設定した後で，時間がたつに従って，どれくらい目標が達成できているかを見ていくことがプロセスモニタリングである。

●明瞭性と正確性のモニタリング

「明瞭性と正確性のモニタリング」は，研究者たちが「傾向性」と呼ぶ一連の機能に属するものである（Amabile, 1983；Brown, 1978, 1980；Costa, 1984, 1991；Ennis, 1985, 1987a 1987b, 1989；Flavell, 1976, 1977；Paul, 1990；Paul, 1984, 1986a；Perkins, 1984, 1985, 1986などを参照）。「傾向性」という用語は，明瞭性と正確性のモニタリングによって，人が何かを知りたいと思ったりまたはその逆の気になったりすることを説明するために用いられる。学習した情報が明瞭か正確かをモニターする傾向は，人によってさまざまである。この傾向が自動的でないことに注意する必要がある。明瞭性と正確性に注意しながら，課題に取り組むかどうかを意識的に決定しなくてはならない。この理由から，このメタ認知の機能は，高次の知性や知的な行動と関係がある（Costa, 1991）。

まとめると，メタ認知システムは目標設定，進行状況のモニタリング，明瞭性と正確性のモニタリングなどについての知識を意識的に扱うことを担当している。SalomonとGloberson（1987）は，このような意識的な思考について以下のように述べている

　　課題を見たときにすぐに反応するのを抑えて，背景状況に潜んだ手がかりや隠れ

た意味をさぐることが求められている。そして他の方法はないか検討したり、選択に必要となる情報を集めたり、結果がどうなるか検討したり、新しい関係をつくったりする反省的な思考プロセスによって、新しい構造をつくったり、新しい抽象概念をつくったりするのである (p.625)。

●ブルームの分類体系との関係

ブルームの分類体系には、メタ認知レベルに関する明確な記述は確認することができない。

レベル6：自律システム

「自律システム」は態度、信念、そして感情の相互関係によって構成されている。これらによって、意欲や注意力が決まる。自律システムは課題に取り組むかどうかを決定する。また同時に、どの程度のエネルギーを割くかについても決定する。ひとたび、自律システムがどの課題を扱うかを決定すると、思考に関する他のすべての要素の機能、すなわち、メタ認知システム、認知システム、知識領域が、それぞれ実行される。これが課題選択という自律システムの役割が「ルビコン川を渡る (訳注：重大決意)」と呼ばれている理由である (Garcia & Pintrich, 1993; Pintrich & Garcia, 1992)。

新分類体系では、自律システム思考を4つのタイプに分ける。(1)重要性の検討、(2)有効性の検討、(3)感情状態の検討、(4)全体的な意欲の検討である。

●重要性の検討

ある知識に注目するかどうかを決める主要因のひとつは、その知識を重要だと思うかどうかである。もし地形図の読み方が重要だと思えば、その心的スキルを伸ばすために時間とエネルギーを多くかけるのは当然だろう。人が何を重要と考えるかは、2つの条件のうちどちらをどの程度満たすかによる。すなわち、基本的欲求を満たすことと、個人的目標を達成することのどちらの助けになると思えるかである。Maslow (1968) などの心理学者が説明しているように、人間は進化によって形成された階層性を持つ欲求を持っている。Maslow の階層に批判はあるが (Wahba & Bridwell, 1976)、意欲についての深い洞察が含まれている。Covington (1992) は、「これは普通の人間を駆り立てる要因について考える役に立つ (p.19)」という。Maslow (1968) の階層では、身体の安全、食べ物、住処などの欲求は仲間づくりの欲求や承認欲求などよりも基本的だとされる。もし何かの知識がこれらのうちひとつ以上の欲求を満たす助けに

なると認識されれば，それは重要だと認識される。もし少年がキャンプ中に地形図を読む能力によって安全性が高まると考えれば，かなりの時間とエネルギーをそれを習得するために使うことになるだろう。

すでに述べたが，基本的欲求を満たすこと以外の理由である知識を重要だと認識するのは，それが個人的目標を達成する助けになると思われる場合である。青年が，長く抱いてきた夢である森林警備員になるのに地形図を読むことが役立つと思うと，そのスキルを獲得するために時間と労力を費やすことになるだろう。

個人的目標のもとになるものについては，今のところ詳しくわかっていない（Klausner, 1965）。個人的目標が個人を取り巻く環境によって形成されるという見方がある。つまり承認欲求によって，自分が所属する文化においてより尊重されたいという個人目標がつくられるのだというのである（Bandura, 1977, 1982, 1991, 1993, 1996, 1997を参照）。また，より深い人生の目的に関する信念の結果，個人目標がつくられるという主張もある。たとえば，Frankl（1967）やBuber（1958）などは，人生の最終目標に対する信念が心理的な人となりの中核であることを示している。この信念が，自律システムの他の要素をコントロールすることを明確に示す例がある。若い女性が人生の目的（もしくは目的のひとつ）を，自分の才能を他の人のために使うことだと信じているとしよう。結果として，彼女はこの目的に資するものを重要視するだろう。目的実現のためになるかどうかに基づいて，人，状況，出来事などの重要性を判断することになる。

個人的目標を構成する要因についての心理学者による説明を聞かなくても，ほとんどの人が個人的目標は何を重要だと思うかを決める主要因だということに同意する。

●有効性の検討

Bandura（1977, 1982, 1991, 1993, 1996, 1997）の理論や研究によって，心理学者も教育学者も効力感についての信念に着目することになった。端的に言えば，どのような効力感を持っているかは人が状況を変えるための情報源，能力，力をどれだけ持っていると思うかを決める。「有効性の検討」とは，対象となる知識に関係する能力を得るために必要な情報源，力，能力をどれくらい持っていると思うかを検討することである。もし学習者がある技術を習得するために不可欠な能力や気力，情報源を持っていないと思うなら，それを重要だと感じていても，学習のモチベーションは大きく減少することになるだろう。

Bandura（1977, 1982, 1991, 1993, 1996, 1997）は，効力感は必ずしも一般化できる構成概念ではないと示唆している。ある状況で強い効力感を感じていても，他の状況ではそれを感じない場合もある。Seligman（1990, 1994）もまた，効力感が状況に依存するこ

とと，信念の重要性を実証している。低い効力感が，彼が「学習された無力感」と呼ぶ行動パターンの原因となっていることを発見したのである。

◉感情状態の検討

人間のやる気に対する感情の影響は日々明らかになってきている。感性生理学の領域では，多くの脳研究者が人間のほぼすべての行動に感情が影響すると主張している。感情が人間の思考をコントロールするという関係を示すよい例がある (Katz, 1999；Pert, 1997 参照)。この事例は LeDoux (1996) による『エモーショナル・ブレイン』(松本元・川村光毅その他訳，東大出版会，2003) に詳しく書かれている。

LeDoux (1996) の感情に関する分析によって，人は(a)感情的な反応を直接コントロールすることはほとんどできなくて，(b)一度感情が起きると，それは将来の行動にむけた大きなやる気を起こさせる，と結論付けている。感情の制御ができないことについて LeDoux は以下のように述べている。

　感情を偽ろうとしたり，偽りの感情を向けられたことのある人なら誰でも，そんなことは無駄だということをよく知っている。感情を意識的にコントロールする力が弱くなると，感情が意識を支配する。これは認知系から情動系への支配よりも，情動系から認知系への支配が強くなるように，脳が進化してきたことによる (p. 19)。

感情がひとたび起きたときの影響力の強さに関して，LeDoux (1996) は以下のように説明している。

　感情は，長期的な目標達成に向けて動き出す力になると同時に，その時どきにすべきことについての指針にもなる。しかし，感情はまたトラブルの原因にもなる。懸念が不安になり，願望が要求になり，いらだちが怒りになり，友情がねたみに変わり，愛情が執念に変わり，楽しみが執着に変わるとき，感情はわれわれの敵になる。心の問題は多くの場合，感情が崩壊することで起きる。感情は有益だが，理不尽な結果をもたらすものでもある (pp. 19-20)。

LeDoux (1996) によれば，感情はしばしば人の行動に影響する価値観や信念以上に，やる気に大きく影響する。

「感情状態の検討」は，対象となる知識に対するどのような感情状態を持っているかを分析することと，どの感情状態が意欲に影響を与えるのかを分析することである。この自己分析の重要性はこの 30 年以上，関連書籍への人気にあらわれている (たとえ

ば，Goleman, 1995；Lnager, 1989 を参照)。

●全体的な意欲の検討

これまでの議論をふまえて，対象となる知識に対する能力を学んで高めたいという意欲は，次の3つによって決まる。(1)重要性の認知，(2)学習や知識に対する能力についての有効性の認知，(3)知識要素に対する個人の感情状態。これを図表3-5に示した。

この関係を前提にすると，意欲に差があることを操作的に記述できる。とくに対象となる知識を学習したり，能力を高めたいと思ったりする高い意欲は，以下のような条件のもとに起こる。

1. 対象となる知識に対して重要性を認識していること
2. 学習や知識要素に対する能力向上に必要となる能力や気力，情報源を持っていると思うこと
3. 対象となる知識に対して肯定的な感情状態を持っていること

逆に，低い意欲は以下のような条件のもとに引き起こされることになる

1. 対象となる知識に対して重要でないと感じていること
2. 学習や知識要素に対する能力向上に必要となる能力や力，情報源を持っていないと思うこと
3. 対象となる知識に対して否定的な感情反応を持っていること

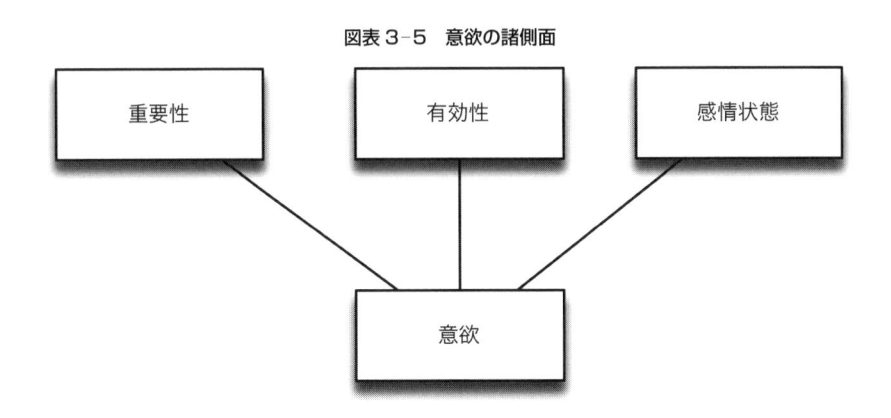

図表 3-5　意欲の諸側面

これらの3つの自律システムの決定要因が意欲に対してもつ効果は，おそらく同じではないということに注意したい。重要性を認識することで有効性を感じられなかったり，否定的な感情的反応を持ったりしたとしても，それをくつがえすことができる。子どもに向かってくる車があれば，母親はなんとかその車を止めようとするだろう。彼女は物理的にはその車を止める力があるとは思っていないし（その状況での有効性について低く認識している），おそらく自分自身が車にひかれてしまうことに対しては否定的な感情を持っているだろう。しかし，子どもの安全は彼女にとってとても重大な目標なので，他の2つに勝ることになる。

意欲の検討は，学習や対象となる知識に関係する能力向上への意欲のレベルを明確にするプロセスであり，意欲のレベルを規定する重要性，有効性，感情状態の3つの要素の相互関係を明確にするプロセスなのである。

●ブルームの分類体系との関係

メタ認知システムと同様に，自律システムは，ブルームの分類体系の中に明確に位置づけられていない。

新分類体系における階層構造の再検討

新分類体系の階層構造は，処理のプロセスにしたがってつくられている。自律システムは処理プロセスにおける最初の段階で，対象となる知識の学習に対してどれくらいやる気になるかを規定する。その知識が重要だと判断されれば，次に用いられるシステムはメタ認知システムである。メタ認知システムの仕事は，その知識に関する明確な学習目標を設定し，目標達成までの計画を立て，それを可能な限り正確な方法で実行することである。メタ認知システムの管理の下で，認知システムの各要素が実行される。すでに見てきたように，認知システムには情報の取り出しという単純なものから知識を新しい文脈で活用するという複雑なものまである。

これらの3つのシステムはまた，その実行をコントロールするために必要な意識のレベルという点でも階層構造を持っている。認知プロセスをうまくコントロールするためには，ある程度自覚的で意識的な思考が必要だが，メタ認知プロセスはさらに意識的である必要がある。精神的なエネルギーがかなりなければ，学習目標は設定されないし，正確にモニタリングされることもない。最上位の，重要性や感情状態の検討のような自律システムプロセスは，普段はあまり行なわれない内省的思考であり意識的な思考である。

図表3-6　意識的なコントロールと新分類体系の段階

意識的	レベル6：自律システムプロセス
	レベル5：メタ認知プロセス
	レベル4：知識活用のプロセス
	レベル3：分析プロセス
	レベル2：理解プロセス
自動的	レベル1：取り出しのプロセス

　同じように，意識のレベルという点から，認知システム（取り出し，理解，分析，知識の活用）の階層性をみることができる。取り出しのプロセスは自動的に実行される。理解のプロセスはそれよりわずかに意識的な思考が必要となる。そして，分析プロセスではさらに意識が必要となる。最上位の知識活用のプロセスではさらなる意識的な処理が必要となるのである。

　メタ認知プロセスが認知システムよりも意識的な思考を必要とすること，自律システムプロセスがメタ認知プロセスよりも意識的であることを前提として，分類体系の6つのレベルが設定されている。図表3-6に示す。

　ここで重要なのは，6つのレベルが複雑さのレベルを示しているわけではないことである。自律システムの各プロセスはメタ認知システムの各プロセスよりも複雑だというわけではない。これが，処理の難易度をレベル分けに用いようとしたブルームやアンダーソンらの分類体系との違いである。さらに，新分類体系では，自律システムとメタ認知システム内の各要素に階層性がないとしているのも重要である。意識のレベルという点からみれば，重要性の検討，有効性の検討，感情状態の検討には順序性はない。

知的操作としての新分類体系

　新分類体系の6つのレベルは，どのタイプの知識にもあてはまる知的操作をそのまま体系化したものである。上位のレベルにおける知的操作では，下位のレベルよりもより意識的な処理が求められる。図表3-7は，新分類体系の全6つのレベルで必要な知的操作を示したものである。

　これらの6つのレベルの処理は2章で記述した3つの知識領域と連動する。次の章では，どう連動するかについて詳しく述べる。

図3-7 知的処理としての新分類体系

	レベル6：自律システム思考
重要性の検討	・知識がどの程度重要かを判断し，その判断のもとになったものを推論する
有効性の検討	・能力向上や知識理解に対する自らの能力について判断し，その判断のもとになっているものを推論する
感情状態の検討	・知識に対する感情的反応とその反応の理由を判断する
意欲の検討	・能力向上や知識理解に対するすべての動機と動機の段階の理由を判断する
	レベル5：メタ認知
目標の具体化	・知識に関係する目標を設定し，目標達成のための計画を作成する
プロセスモニタリング	・知識に対する目標の実行をモニタリングする
明瞭性のモニタリング	・知識がどれぐらい明確かを判断する
正確性のモニタリング	・知識がどれぐらい正確かを判断する
	レベル4：知識活用
意思決定	・判断のために知識を用いたり，知識に対する判断をする
問題解決	・問題解決のために知識を用いたり，知識に関する問題を解決する
実　験	・仮説を立てたり検証するために知識を用いたり，知識についての仮説を立てて検証する
調　査	・調査の実行のために知識を用いたり，知識についての調査を実行する
	レベル3：分　析
比　較	・知識の要素について，重要だと思う異同を指摘する
分　類	・知識の上位・下位カテゴリーを指摘する
エラー分析	・知識についての説明や知識の活用についてのエラーを指摘する
一般化	・知識に基づいて，新しい一般概念や原理を構成する
具体化	・知識を適用したり論理的結論を導いたりする
	レベル2：理　解
統　合	・知識の基礎構造を明確にし，重要な特徴と重要でない特徴を対比的に示す
象徴化	・知識を正確に象徴化し，重要な要素とそうでない要素を区別する
	レベル1：取り出し
再　認	・情報の特徴を再認するが，知識の構造を理解することや重要な要素とそうでない要素の識別までは求められない
再　生	・情報の特徴を作り出すが，知識の構造を理解することや重要な要素とそうでない要素の識別までは求められない
実　行	・大きなエラーをすることなく手順を実行するが，どのように，なぜその手順が働くのかということは理解する必要がない

【要　約】

　この章では新分類体系における6つのレベルについて，3つの思考システム（認知，メタ認知，自律システム）との関係から述べた。認知システムは取り出し，理解，分析，知識の活用を含んでいる。メタ認知システムは目標設定，プロセスモニタリング，自己の状態のモニタリングを含んでいる。自律システムは重要性の検討，有効性の検討，感情状態の検討を担当している。これらの相互作用により，意欲や関心が決定される。

(訳　注)

　象徴的記号：たとえば，立体分子モデルは原子を示す球と原子をつなぐ腕でできている。原子を球で表象したとき，それを象徴的記号という。このような心的モデルは原子や分子の実体とはもちろん異なるが，不要な詳細情報を捨象して，分子構造や化学反応の原理を（演繹的に）イメージするためには都合がよい。

4章 | 新分類体系と3つの知識領域

これまでに，どの教科の知識も情報，心的プロセス，精神運動プロセスの各領域に整理できることをみてきた。新分類体系の6つのレベルは，これらの3つの知識領域とそれぞれ違った形で連動する。この章では，6つのレベルが知識領域ごとにどう扱われるのかをみる。ただしその前に，新分類体系とブルームの分類体系のアプローチ

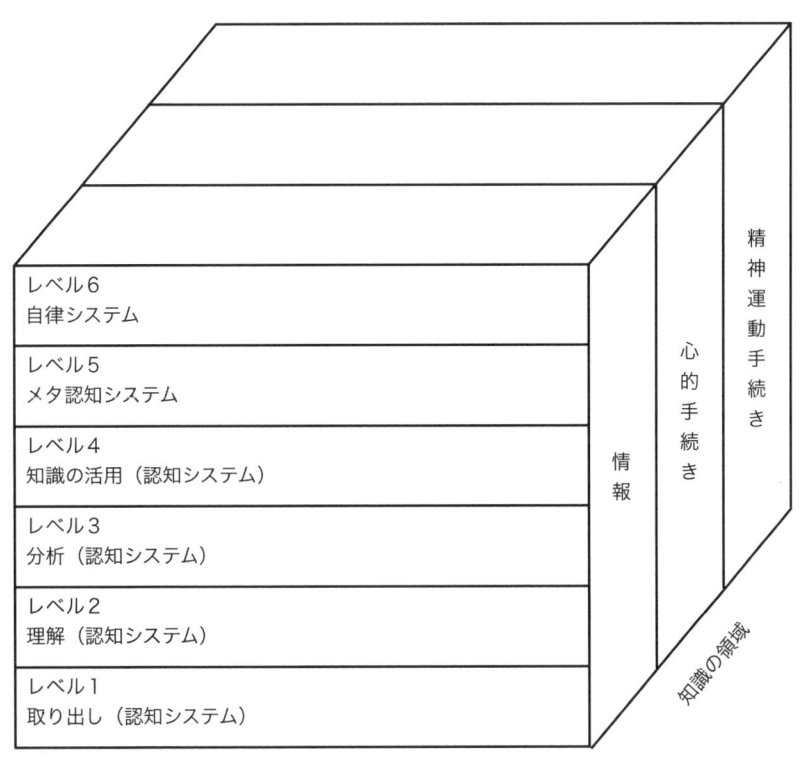

図表4-1　新分類体系

レベル6　自律システム
レベル5　メタ認知システム
レベル4　知識の活用（認知システム）
レベル3　分析（認知システム）
レベル2　理解（認知システム）
レベル1　取り出し（認知システム）

知識の領域：情報／心的手続き／精神運動手続き

処理のレベル

の違いを整理しておこう。

　ブルームの分類体系では、異なる種類の知識を扱うのは最初のレベルだけで、用語、詳細事項、一般概念という区別を設けている。しかし、それらは上位5つのレベルでは、区別されていない。また、詳細事項の評価と一般概念の評価のプロセスがどのように違うか説明していない。

　それに対して、新分類体系は6つのレベルと3つの知識領域がどのように関わるのか明確に定義している。その結果、必然的に2つの次元を持つことになる。1つは6つのレベルの次元、もう1つは3つの知識領域の次元である。これを示しているのが図表4-1である。

レベル1：取り出し

　「取り出し」は知識をただ再認すること、再生すること、実行することである。ここでは、深い理解、知識の基礎構造（重要なものとそうでないものの関係）、知識を用いて複雑な目標を達成することは期待されていない。それらはより高次の目標である。これまでに述べたように、情報領域は宣言的知識だけを対象にしている。宣言的知識は再認・再生はできるが、実行されることはない。心的手続きと精神運動手続きは手続き的知識を対象にし、これも再認・再生・実行することができる。再認・再生・実行のプロセスは密接に関係しているが、それぞれに応じた課題を与えることで分けてとらえることができる。

●再　認

　図表4-2は、各知識領域の再認の課題である。

図表4-2　再認の課題

情　報	
詳細事項	詳細事項に関する文言について、正確かどうか確かめる
枠組み	枠組みに関する文言について、正確かどうか確かめる

心的手続き	
スキル	心的スキルに関する文言について、正確かどうか確かめる
プロセス	心的プロセスに関する文言について、正確かどうか確かめる

精神運動手続き	
スキル	精神運動スキルに関する文言について、正確かどうか確かめる
プロセス	精神運動プロセスに関する文言について、正確かどうか確かめる

1. 情報の再認

詳細事項の「再認」とは，用語，事実や時間の前後関係について，正確な文言かどうかを見極めることである。しかし，正確な文言をつくり出す出すことは含まれない。次の問いは具体的な事実を明確に再認させる課題である。

　ジャン・ヴァルジャン（訳注：小説『レ・ミゼラブル』の主人公）がはじめに逮捕された理由は以下のうちどれでしょう。
　　a．一本のパンを盗んだから
　　b．教会の燭台を盗んだから
　　c．牛を買った時に税金を払わなかったから
　　d．フランス軍への徴兵を断ったから

枠組みの「再認」とは，一般概念や原理に関する文言を見極めることである。次の問いは枠組みの再認を問うものである。

　青年の自殺原因に最も関係が深いのは以下のうちどれでしょう。
　　a．うつ病
　　b．精神病
　　c．薬物やアルコールの乱用
　　d．糖尿病

これに正しく答えるためには，青年期の自殺の潜在的原因についての原理と原因別自殺率について理解しておく必要がある。

2. 心的手続きの再認

心的スキルの「再認」とは，心的スキルに関する文言が正確かどうかを見極めることである。たとえば，次のような問いかけは心的スキルの再認を求めるものである。

　初めての地図を見た時に最初にすべきこととして最も適していないものは以下のうちどれでしょう。
　　a．地図の凡例を確認する
　　b．特定の場所を探し出す
　　c．地図に表されている範囲を確かめる
　　d．地図のタイトルを見る

ワープロソフト（たとえば，Microsoft Word など）を使うときのプロセスについて正確かどうかを見分けることは「心的プロセスの再認」にあたる。次の課題はこのタイプの思考を引き出す。

Microsoft Word の使い方に関する文章について正しいものには○，間違っているものには×を記入しなさい。
（　　）ファイルがひらいているとき，好きなだけ名前を変えることができる。
（　　）１つの文章の中ではすべて同じフォントを使用しなくてはいけないが，フォントサイズは変更することができる。
（　　）文章の中で１マス以上の字下がりをつけることができる。

3. 精神運動手続きの再認
精神運動手続きの「再認」は，精神運動スキルとそのプロセスに関する文言が正確かどうか見極めることである。次の課題はこのタイプの思考を引き出す。

運動スキル：足のストレッチに関して，以下の文のうち正しいものはどれでしょう。
　a. 痛みを感じ出すくらいに伸ばすことが最も良いストレッチである
　b. ももの筋肉がつったときは，筋肉のはりがなくなるまで休憩すべきである
　c. ももの筋肉のストレッチを行なう際は，ゆっくり徐々に動かすべきである。

運動プロセス：バスケットボールの１対１のディフェンスに関する以下の文章のうち，正しいものはどれでしょう。
　a. 正しい体勢は，どの方向にも動けるように足をくっつけた体勢である
　b. 片方の手をあげ，もう片方の手は下に低くしておくべきである
　c. 相手のドリブルをさえぎろうとするべきではない

●再　生
「再生」は情報を単に再認するだけではなく，情報をつくり出すことである。図表4-3は各知識領域の再生の課題を示している。

1. 情報の再生
情報領域における詳細事項の「再生」は，用語や事実，時間の前後について，正確な情報を作り出すことである。しかしここではそれらに関する批判的な情報までは求

図表4-3　再生の課題

情　報	
詳細事項	詳細事項について，それに関係する情報を作り出す
枠組み	一般概念や原理について，それに関係する情報を作り出す

心的手続き	
スキル	心的スキルに関する一般的な性質や目的を示す
プロセス	心的プロセスに関する一般的な性質や目的を示す

精神運動手続き	
スキル	精神運動スキルに関する一般的な性質や目的を示す
プロセス	精神運動プロセスに関する一般的な性質や目的を示す

められない。
　次の問いは対象とする用語についての情報を再生させる。

　　シナプスという用語について学習しました。その意味について簡単に説明しなさい。

　情報領域における枠組みの「再生」は，一般概念や原理の例を示すことである。たとえば，生命の起源に関する一般概念の例をあげることは，これらの枠組みの再生とみられる。次の問いはこのようなタイプの思考を引き出す。

　　これまで「すべての生命は生命から生まれ，同じ種類の生命体を作り出している」という一般概念の例について勉強してきました。このことの実例を2つあげなさい。

　また，次の問いは原理に関する知識の再生を引き出す。

　　電子引力に関するクローンの法則は「2つの帯電物の間に働く引力や斥力の強さは電荷の積に比例し，2つの物体間の距離の2乗に反比例する」と表せる。私たちが学習したこの法則の応用例を2つ書きなさい。

　ここで重要なのは，これら2つの問いがすでに学習した事例やその応用例を求めるという点である（例：学習した事柄について2つの実例をあげなさい）。これは再生が，新しく概念をつくり出すことではなく，すでに知っている情報を引き出すことを求めているからである。一般概念や原理について新しい例を作らせることは，分析

（新分類体系のレベル3）の段階で行なわれる。

2. 心的手続きの再生
心的スキルの「再生」は，心的スキルに対する基礎的な情報を作り出すことである。たとえば，地形図の読み方を説明することで，そのスキルに関する知識の再生をすることになるだろう。次の課題はこのタイプの思考を引き出す。

　初めて見る地形図を読む時にすることについて，説明しなさい。

Microsoft Word を操作するのではなく，そのやり方を説明することで，「心的プロセスの再生」をすることになる。次の問いはこのタイプの思考を引き出すだろう。

　開いているファイルの名前を変えるときの手順を説明しなさい

3. 精神運動手続きの再生
精神運動手続きの「再生」は，精神運動スキルや精神運動プロセスに対する基礎的な情報をつくり出すことである。たとえば，次のような課題はももの筋肉のストレッチに関する精神運動スキルとバスケットボールで1対1のディフェンスをするときの精神運動プロセスをそれぞれ引き出すことができる。

　精神運動スキル：これまで，適切なももの筋肉のストレッチ方法について調べてきました。どのようなときにこの方法をつかうのが良いでしょうか。基本的な手順も含めて説明しなさい。

　精神運動プロセス：1対1のディフェンスをするときに有効な技術について説明しなさい。

◉実　行

　図表4-4は各知識領域の「実行」に関する課題である。

　図表4-4で示したように，実行は，情報の領域には適用されない。しかし，心的手続きと精神運動手続きを最もよく示すのは，それを実際にエラーすることなく実行できるかどうかである。これまで説明してきたように，実行の段階では，ただそれが行なえるかどうかが重要であり，なぜその処理プロセスが有効か理解しておく必要はない。

図表4-4 実行の課題

情　報	
詳細事項	該当なし
枠組み	該当なし
心的手続き	
スキル	心的スキルをエラーせずに実行する
プロセス	心的プロセスをエラーせずに実行する
精神運動手続き	
スキル	精神運動スキルをエラーせずに実行する
プロセス	精神運動プロセスをエラーせずに実行する

　心的手続き，精神運動手続きは次に例示するような一般的なパターンによってみることができる。

1. **心的手続きの実行**
   心的スキル：この学校の周辺地図があります。この地図から読み取れる周辺の情報をいくつか説明しなさい。
   心的プロセス：あなたの机の上には手紙のコピーがあります。Microsoft Wordを用いてこの手紙を入力し，保存し，便せん用紙に印刷しなさい。

2. **精神運動手続きの実行**
   精神運動スキル：ももの筋肉のストレッチを正しくやってみなさい。
   精神運動プロセス：相手を選び，バスケットボールの5点先取の1対1を行いなさい。その間に適切な1対1のディフェンスをしなさい。

レベル2：理　解

　「理解」のプロセスは取り出しに比べて，より多くが求められる。取り出しが学習した知識の再認，再生，実行であるのに対して，理解は知識の重要な側面とそうでない側面を区別して，知識を統合したり象徴化したりすることである。これは当然，作業記憶にある知識を変更することを意味しており，より生産的だといえる。理解のプロセスは統合と象徴化という2つのプロセスからなる。

●統 合

「統合」は，対象となる知識にとって何が主要な要素かを示すことである。前章でみたように，統合とは知識のマクロ構造を作り出すことと定義される。したがって，知識を主要な要素にしぼることで，最初に入ってきた知識よりも一般的なものとなっているはずである。図表4-5は各知識領域の統合のための課題である。

1. 情報の統合

「統合」のプロセスは，詳細事項に適用することができる場合がある。複数の詳細事項が複雑な構造をもっているときである。このとき，知識の重要な側面とそうでない側面を見分けることが，統合のプロセスである。たとえば，アラモ砦の戦い（訳注：テキサス独立戦争中にメキシコ共和国軍とテキサス分離独立派の間で行なわれた激戦）はかなり複雑な事象なので，統合の対象となる。再生では，表面的な知識だけを覚えればよかった。しかし，統合においては，それぞれの出来事が結果につながる重大なものかそうでないかを見分けなければならない。次の課題はこの戦いに関する知識の統合を引き出す課題である。

> アラモ砦で起きた出来事について，結果につながる重要なものとそうでないものに分けなさい。

枠組みは，元来複雑な構造をもっているので統合になじみやすい。原理についての統合のプロセスは，一般概念のプロセスとはいくぶん違っている。原理について理解するというのは，その原理に含まれる変数同士の関係を理解することである。2章で述べたように，変数同士の関係にはいろいろな形がある。たとえば，ある変数の増加

図表4-5 統合の課題

	情　報
詳細事項	詳細事項の重要な要素とそうでない要素を見分ける
枠組み	一般概念や原理の決定的な特徴がわかる
	心的手続き
スキル	心的スキルに含まれる手順の流れを示す
プロセス	心的プロセスの概要を示す
	精神運動手続き
スキル	精神運動スキルに含まれる手順の流れを示す
プロセス	精神運動プロセスの概要を示す

が一方の変数の増加と関係していたり，もしくは一方の変数の減少と関係していたりする。原理の統合を示すということは，原理の要素となっている変数が何かを示したり，変数同士の正確な関係を指摘することである。たとえば，北極に生息するレミングの数と同じ場所に生息する大トナカイの数を関係付けて説明したり，川の水に含まれる炭酸塩の量とその川に住む貝の数の関係を説明したりできると，原理の統合ができていると言える。以下の課題はこの例に関係した統合を引き出すための課題である。

1. 北極に住むレミングと大トナカイの数には関係があります。その関係を説明しなさい。ただし，その関係に影響する主な要因をすべて含めなさい。
2. 川にすむ貝の数とその水に含まれる炭酸塩の量との関係について説明しなさい。その関係に影響する要因は何ですか，また，その要因がどのように影響しますか。

これらの課題では，教えられたことを答えるだけでなく，情報を新しく整理し直したり，説明し直したりする必要がある。

一般概念に関する統合とは，その一般概念における重要な要素とそうでないものを明確に分けることである。2章で述べたように，一般概念とは人や場所，もの，出来事，抽象化された概念を類型化したものである。したがって，一般概念に関する統合では，対象の重要な特徴と重要でない特徴を見分けることが必要となる。たとえば，ゴールデンレトリバーにしかない特徴と，他の種類の犬も持っている特徴を対比すると，一般概念の統合を示すことになる。統合の課題は授業で学習したことをただ再生するより複雑なことを求めることになる。

次の問いは，統合を引き出すものである。

　　生物の共生関係を示す決定的な特徴は何ですか。決定的でない特徴と対比して答えなさい。

2. 心的手続きの統合

心的スキルや心的プロセスの「統合」は，それぞれのプロセスのステップを明らかにして，順序やその順序になる理由を示すことである。ステップを再生するだけではなく，その理由を示さなければならない点で，再生よりも複雑なプロセスである。次の問いは棒グラフを読む際の心的スキルの統合を促している。

　　棒グラフを読むときのステップを示しなさい。そしてそれらのステップがなぜそ

の順番でなければならないのかも説明しなさい。

次の問いはWordPerfect（訳注：コーレル社の開発する文書作成ソフト）を使う際の心的プロセスの統合を促す。

WordPerfectを用いて手紙を書き，保存し，印刷する際に必要となるステップについて書きなさい。そして，それぞれのステップはどのように関係しているかについても説明しなさい。

3. 精神運動手続きの統合

精神運動スキルや精神運動プロセスの「統合」は，心的スキルや心的プロセスと同じである。テニスのバックハンドの動きを部分に分けてそれらの相互関係を示すことは，精神運動スキルの統合である。そして，リターンに必要なスキルと作戦，そしてそれらの相互関係を示すことは，精神運動プロセスの統合である。次の問いはこのタイプの思考をうながす。

バックハンドショットを打つための最も良い方法を述べなさい。また，そのために不可欠な要素は何ですか。

リターンに必要なスキルと作戦について説明しなさい。それはどのように関係しますか。

●象徴化

「象徴化」のプロセスは知識を非言語などの抽象的な形で表現することである。図表4-6は各知識領域の象徴化の課題である。

図表4-6に示した課題は，正確に表現することを求めていることに注意してほしい。さらに，3章で説明したように，象徴化のプロセスは正確な知識の統合を前提とする。知識を象徴化するためには，その知識を統合することが求められる。

1. 情報の象徴化

詳細事項を「象徴化」させるには象徴化が必要な課題を出せばよい。たとえば，遺伝という用語を象徴化できるかどうか確認する場合，次のような指示を与える。

この単元では遺伝という用語を使ってきました。図や絵，図表を使って，この用

図表 4-6　象徴化の課題

	情　報
詳細事項	詳細事項の主な要素を，非言語で，あるいは象徴化して正確に表現する
枠組み	一般概念や原理の主な要素とそれらの関係について，非言語で，あるいは象徴化して正確に表現する

	心的手続き
スキル	心的スキルの主な要素を非言語で，あるいは象徴化して正確に表現する
プロセス	心的プロセスの主な要素を非言語で，あるいは象徴化して正確に表現する

	精神運動手続き
スキル	精神運動スキルの主な要素を非言語で，あるいは象徴化して正確に表現する
プロセス	精神運動プロセスの主な要素を非言語で，あるいは象徴化して正確に表現する

語の要点を説明してください。

もし特定の出来事についての象徴化させるのであれば，次のように求めることができる。

1989年のイラクによるクウェート侵攻で重要な出来事について説明しなさい。

詳細事項は，さまざまな方法で象徴化できる。遺伝についての要点は，グラフィックオーガナイザーでも絵図表でも，絵でも表すことができるだろう。

枠組みの「象徴化」に適した形式は，ある程度限定される。3章で述べたように，一般概念は特定の表現方法でしか表せない。もっともよく使われるのは図表4-7のような形式である。この図は「国が弱ると，独裁者が国力の復活を約束して台頭する」という一般概念を表す図である。

次の課題はこの一般概念を象徴化させるものである。

「国が弱ると，独裁者が国力の回復を約束して台頭する」という一般概念を表す図を描きなさい。

原理は変数同士の関係で表されているため，一般にグラフによって「象徴化」できる。図表4-8は北極圏の同じ場所に棲むレミングの数と大トナカイの数の関係を象徴化するための図である。

次の問いでこのタイプの思考を引き出せる。

図表 4-7　一般概念の表象

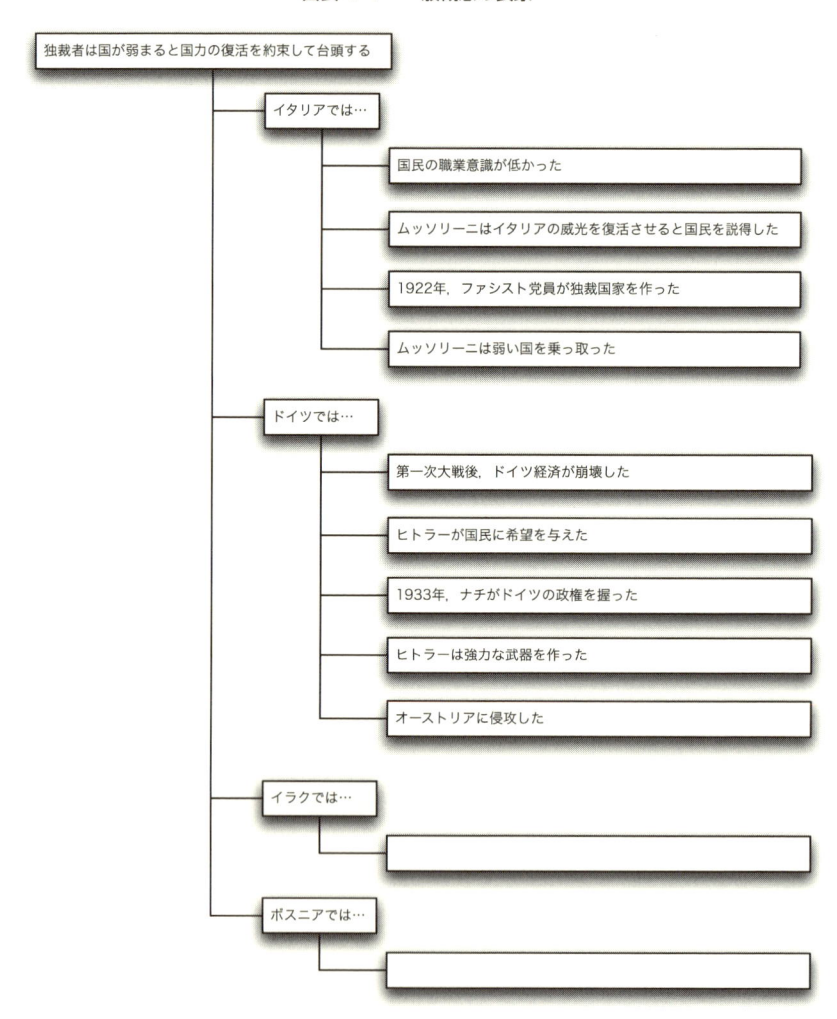

```
独裁者は国が弱まると国力の復活を約束して台頭する
├─ イタリアでは…
│   ├─ 国民の職業意識が低かった
│   ├─ ムッソリーニはイタリアの威光を復活させると国民を説得した
│   ├─ 1922年，ファシスト党員が独裁国家を作った
│   └─ ムッソリーニは弱い国を乗っ取った
├─ ドイツでは…
│   ├─ 第一次大戦後，ドイツ経済が崩壊した
│   ├─ ヒトラーが国民に希望を与えた
│   ├─ 1933年，ナチがドイツの政権を握った
│   ├─ ヒトラーは強力な武器を作った
│   └─ オーストリアに侵攻した
├─ イラクでは…
│   └─ 
└─ ボスニアでは…
    └─ 
```

図表4-8　原理の表象

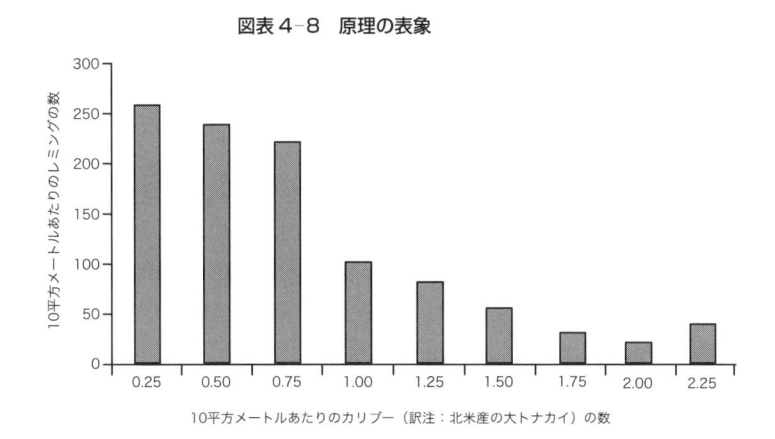

（縦軸：10平方メートルあたりのレミングの数／横軸：10平方メートルあたりのカリブー（訳注：北米産の大トナカイ）の数）

北極圏に棲むレミングと大トナカイの数の関係について表すグラフを作りなさい。

2. 心的, 精神運動手続きの象徴化

心的手続き，精神運動手続きともに，「象徴化」は，すべきことの流れを表す図やフローチャートを描くことである。図表4-9は棒グラフを読むときのプロセスを図で表現したものである。

図表4-9　スキルの表象

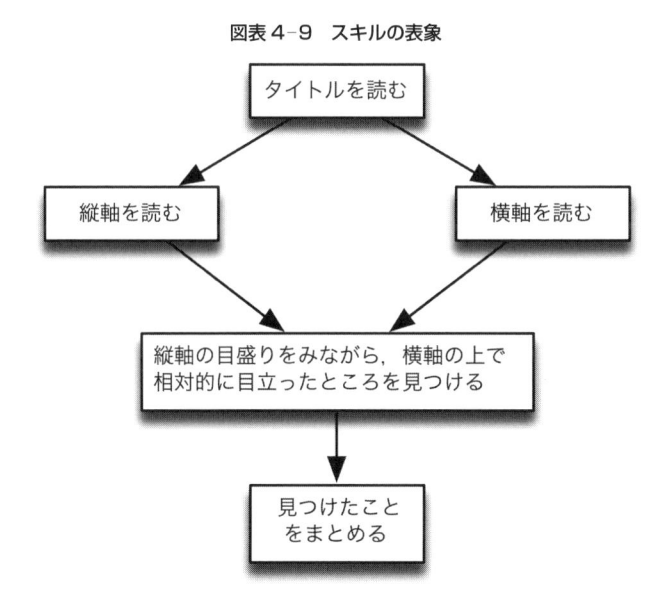

タイトルを読む → 縦軸を読む／横軸を読む → 縦軸の目盛りをみながら，横軸の上で相対的に目立ったところを見つける → 見つけたことをまとめる

以下の課題は心的手続き，精神運動手続きを象徴化させるものである。

　心　的　ス　キ　ル：棒グラフを読むときの思考過程を図で表現しなさい。
　心　的　プロセス：WordPerfect を使って文書を書き，保存し，印刷するときのプロセスを表現する図を描きなさい。
　精神運動スキル：テニスのバックハンドを打つときの動きを，図を使って表現しなさい。
　精神運動プロセス：テニスのリターンの際にすることを，図を使って表現しなさい。

レベル３：分　析

2章で述べたが，「分析」のプロセスでは常に，知識を細部にわたって検討し，新たな結論を導きだすことが必要である。分析には５つのプロセスがある。(1)比較，(2)分類，(3)エラー分析，(4)一般化，(5)具体化である。

●比　較

「比較」には共通点と相違点を明確にすることが含まれる。図表4-10は3つの知識領域における比較のための課題のリストである。

1．情報の比較

詳細事項の「比較」は，関連のあるものについての用語，事実，時間の前後関係などが似ているのか異なるのかを示すことである。たとえば，ゲティスバーグの戦い

図表4-10　比較の課題

情　報	
詳細事項	詳細事項の異同を示す
枠組み	一般概念の異同を示す
心的手続き	
スキル	心的スキルの異同を示す
プロセス	心的プロセスの異同を示す
精神運動手続き	
スキル	精神運動スキルの異同を示す
プロセス	精神運動プロセスの異同を示す

（訳注：南北戦争中に行なわれた戦い）と他の戦争との共通点と相違点を分けるのは，知識の比較である。次のような課題がこのタイプの思考を引き起こす。

　　ゲティスバーグの戦いがアトランタの戦いとどこが似ていて，異なるのかについて述べなさい。

比較には同種の知識に関する事例が，2つ以上必要となる。たとえば，歴史上の人物を共通性を基準として2つ以上のグループに分類することは，比較である。次の課題はこのタイプの思考を引き出す。

　　これまでさまざまな歴史上の重要人物について学習してきました。それらの人物を2つ以上のグループに分け，グループ内の人物がどのような共通点を持っているかについて説明しなさい。また，グループ間で人物がどのように異なっているかについても説明しなさい。
　　　　アレクサンダー・グラハム・ベル
　　　　ガリレオ
　　　　ジョージ・ワシントン
　　　　ルイ・パスツール（訳注：フランスの細菌学者）
　　　　アメリア・イアハート（訳注：アメリカの飛行士）
　　　　サリー・ライド（訳注：アメリカの宇宙飛行士）
　　　　ジョン・グレン（訳注：アメリカの宇宙飛行士）
　　　　ヘンリー・フォード（訳注：自動車会社フォード・モーターの創設者）
　　　　エリック・ザ・レッド（訳注：グリーンランドを踏査したヴァイキングの探検家）
　　　　フェルディナンド・マゼラン
　　　　ジャック・カルティエ（訳注：フランスの探検家）
　　　　マーティン・ルーサー・キング・ジュニア

原理同士の異同や，一般概念同士の異同を示すことがが枠組みについての「比較」である。次の問いは2つの原理の比較を促す。

　　次に示すのは外界にある2組の変数である。それぞれのセットの中で成立する原理を見つけだし，それらの原理のどこが似ていて，どこが違うのかを説明しなさい。

セット1：
    a．1平方ヤードあたりの植物の量
    b．1平方ヤードあたりに使用できる硝酸肥料の量
セット2：
    a．イリノイ州の農地1エーカーあたりの穀物の収穫量
    b．農地1エーカーあたりに含まれる土の栄養素の量

原理を構成する変数が明らかであれば，比較は，それぞれの原理に含まれる変数同士の共通点と相違点を示すことに重点が移る。一方，一般概念は，人や場所，生物やもの，出来事，抽象概念の種類によって構成されている。したがって，一般概念の比較は，2つ以上のカテゴリーの特徴の共通性と差異を判断することである。次の課題はこのタイプの思考を引き出す。

    これまで，民主主義者と共産主義者のさまざまな特徴について学習してきました。それぞれの特徴のどこが似ていて，違うのかについて整理しなさい。

2．心的手続き，精神運動手続きの比較

心的スキルの「比較」は，手順という視点から2つ以上のスキルのどこが似ていて異なっているのかを明らかにすることである。たとえば，政治地図を読むことと地形図を読むこととの異同を示すのは，比較のプロセスである。次の課題はこのタイプの思考を引き出す。

    政治地図を読むことと地形図を読むことの共通性と差異について説明しなさい。

同様に，心的プロセスに関する比較も2つ以上のプロセスの要素の異同を明らかにすることである。たとえば，詩と物語を書くときのプロセスに共通するところと違うところを示すのは，心的プロセスの比較である。次の課題はこのタイプの思考を引き出す。

    詩と物語を書くプロセスについて，同じ部分と違う部分について説明しなさい。

最後に，精神運動スキル，精神運動プロセスに関する「比較」は，心的スキルや心的プロセスに関する比較と同じである。精神運動手続きの比較を促す問いの例は以下である。

精神運動スキル：テニスのバックハンドとフォアハンドの打ち方のどこが似て
　　　　　　　　　いて，どこが異なるのかについて述べなさい。
　　精神運動プロセス：リターンの仕方とネットへのチャージの仕方のどこが似てい
　　　　　　　　　　て，どこが異なるのかについて述べなさい。

●分　類

　「分類」は，単に項目をグループやカテゴリーに分けることではない。それは比較の機能である。分類はむしろ知識を整理する下位カテゴリーを見つけたり，ある知識が所属する上位カテゴリーを示したりすることである。図表4-11は3つの知識領域にわたる分類の課題のリストである。

1. 情報の分類

　詳細事項の「分類」とは，上位カテゴリーのみを示すことである。たとえば，ゲティスバーグの戦いが含まれる一般的な類型やカテゴリーを決めることが分類である。次の問いはこのタイプの思考を引き出す。

　　　ゲティスバーグの戦いは，どんなカテゴリーの歴史的事件ですか。なぜそのカテ
　　ゴリーに入れたか説明してください。

　詳細事項は本来とても具体的であるため，それより下位のカテゴリーを作ることはできない。
　枠組みに関する「分類」は，一般概念や原理の上位カテゴリーのみでなく，下位カテゴリーも考えることである。ベルヌーイの法則が属する一般的法則や理論を示すことは，前者の意味で分類したことになる。次の課題がそのようなタイプの思考を導く。

図表4-11　分類に関する課題

	情　報
詳細事項	詳細事項が属する上位カテゴリーを示す
枠組み	一般概念や原理の上位カテゴリーや下位カテゴリーを示す
	心的手続き
スキル	心的スキルの上位カテゴリーを示す
プロセス	心的プロセスの上位カテゴリーと下位カテゴリーを示す
	精神運動手続き
スキル	精神運動スキルの上位カテゴリーを示す
プロセス	精神運動プロセスの上位カテゴリーと下位カテゴリーを示す

これまで，ベルヌーイの法則について勉強してきました。それが属する法則や一般理論を示しなさい。そして，ベルヌーイの法則をそのカテゴリーに入れた理由について説明しなさい。

また，次の課題はベルヌーイの法則の下位カテゴリーを見つけさせるものである。

ベルヌーイの法則はさまざまに応用されています。その適用事例を2つ以上のカテゴリーに分けて説明しなさい。

2. 心的手続きの分類

心的スキルにおける「分類」は，上位カテゴリーのみを示すことである。詳細事項と同じく，スキルは下位カテゴリーを示すには具体的すぎる。棒グラフを読む心的スキルが含まれる一般的なカテゴリーを見つけることは，その心的スキルを分類したことになる。以下の問いはこのタイプの思考を促すことになる。

棒グラフを読むためのスキルはどのようなカテゴリーに属することになりますか。なぜかも説明しなさい。

棒グラフを読むためのスキルがこのカテゴリーに入ると思った理由はなんですか。

心的プロセスの「分類」は上位と下位のカテゴリーを示すことである。以下の問いはこのタイプの思考を促すことになる。

文を書くことはどのような一般的な類型に含まれる活動でしょうか。書くことをそのカテゴリーに入れた理由は何ですか。

あなたがよく使う手順とは違った書き方をいくつか見つけなさい。それらは互いにどこが共通でどこが違っていますか。

3. 精神運動手続きの分類

精神運動スキルの「分類」は心的スキルの分類と同様である。次の問いは足のストレッチに関する精神運動スキルを分類させるものである。

これまでももの筋肉のストレッチの適切な方法について学習してきました。この

スキルを包括するカテゴリーは何ですか。そのカテゴリーに属すると思ったポイントはなんですか。

精神運動プロセスの「分類」と心的プロセスの分類も類似した活動である。以下の問いはウォーミングアップの分類についての問いである。

ウォーミングアップはどのような一般的な運動類型に含まれますか。なぜその類型に属することになるのかを説明しなさい。

ウォーミングアップのいくつかのタイプをあげなさい。それらのタイプのどこが似ていて，異なるのかについて説明しなさい。

●エラー分析

「エラー分析」は，知識とその論理についての誤りや知識を実行する際の誤りを見つけ出すことである。図表4-12に示したように，エラー分析のスキルは知識の種類によって多少異なる。しかし，すべてに共通する特徴もある。それは間違った情報もしくは不確かな情報を見つけることである。

1. 情報に関するエラー分析

詳細事項の「エラー分析」は，入手した情報が，どの程度信頼できるか判断することである。たとえば，リトルビッグホーンの戦い（訳注：1876年に行なわれたアメリカ陸軍と北米先住民インディアンとの戦い）について新しく読んだことが，すでに学んだことに照らして正確かどうかを判断する場合，エラー分析を行なっていることになる。

次の問いはこの状況のエラー分析を促す問いである。

図表4-12 エラー分析に関する課題

	情　報
詳細事項	詳細事項に関する情報のもっともらしさや正確さを見きわめる
枠組み	一般概念の事例や法則の新しい適用方法のもっともらしさや正確さを見きわめる
	心的手続き
スキル	心的スキルを用いたときのまちがいを見つける
プロセス	心的プロセスを用いたときのまちがいを見つける
	精神運動手続き
スキル	精神運動スキルを用いたときのまちがいを見つける
プロセス	精神運動プロセスを用いたときのまちがいを見つける

この文章にはリトルビッグホーンの戦いについて，まだ習っていない新しい情報が含まれています。どの情報が信頼できるか，どの情報が怪しいか，その理由も含めて説明しなさい。

枠組みの「エラー分析」は，一般概念の事例や原理の適用方法が論理的かどうかを判断することである。たとえば，太陽と地球の関係についての原理を示した文が誤りかどうかを判断し，誤りの場合なぜそれが間違っているかを説明することは，エラー分析である。次の課題はこのタイプの思考を促すことになる。

ジョンは午前11時～午後1時の間に日なたにいるときが，最も日焼けしやすいことを知っています。彼は6人の友だちになぜそうなのかについて尋ねました。彼らはそれぞれ異なった回答をしました。どの答えが間違っていて，なぜその間違いが起こったのかについて説明しなさい。
答1：朝や夕方に比べて，昼間はすこし太陽に近くなるから
答2：朝や夕方の太陽よりも，昼間の太陽がより日焼けを生むから
答3：太陽の光線がまっすぐにさす方が，斜めにさすより多くのエネルギーがとどくから
答4：太陽が真上にある時の方が下方にある時よりも，太陽光が通り抜ける大気の幅が狭いから
答5：昼間の空気は普通，他の時間とくらべて温かいから
答6：太陽光の紫外線が主な日焼けの原因だから

自分なりにまとめた一般概念の「妥当性」を検討するのは特別なエラー分析である。この場合，与えられた情報の正確さについて考えるだけでなく，その正確性を裏付けるものの妥当性について（根拠，保証，裏付け，限定など，3章で記述したもの）考える必要がある。次の課題はこのタイプの思考を促すだろう。

次に示す文章は，地球温暖化が起こらないとした一般概念について書かれています。筆者の用いている事実とこの結論に至る筋道について検討し，議論しなさい。

2. 心的手続きに関するエラー分析
心的スキルと心的プロセスに関して，エラー分析はそのプロセスの実行時に行なわれる。たとえば，分数の足し算をしている時の間違いを指摘することはエラー分析を行なうことである。次の課題はこのタイプの思考を促す。

ジョンは 2÷3＋3÷4＝5÷7 としました。彼が計算中にしたであろう間違いについて記述しなさい。

次の課題は WordPerfect を用いた心的プロセスのエラーを分析させるものである。

　ロバートは WordPerfect を用いて，以下のようなステップで，作品を書こうと計画しています。このステップどおりにした時に起こり得る問題を指摘しなさい。
  1. WordPerfect を起動し，ページの上部にある中央揃えコマンドをクリックする
  2. 3つの段落からなる作品を打ち込む
  3. 打ち込みが終わった後，画面の右上にある小さな×ボタンをクリックする
  4. 次の日，WordPerfect を再起動し，作文を印刷する

3. 精神運動手続きに関するエラー分析
　精神運動手続きの「エラー分析」は，基本的に心的手続きのエラー分析と同様である。これは，スキルやプロセスの実行時の間違いを明らかにすることである。次の課題は精神運動スキルに関するエラー分析を促す。

　テニスのバックハンドを見せますが，いくつかのミスをします。なにが間違っていて，そのミスで何が起こるのか述べなさい。

次の課題は精神運動プロセスに関するエラー分析を促すことになる。

　これからテニスのリターンをする女性の短いビデオを見ます。彼女はどんなミスをしたか，それがどのような結果につながったか述べなさい。

●一般化

　「一般化」は，すでに知っている情報から新しい一般概念や原理を推量することである。図表4-13は各知識領域の一般化の課題のリストである。

1. 情報の一般化
　詳細事項に関して，「一般化」は用語や事実，出来事などといった具体的なことから一般概念や原理を推量することである。たとえば，授業で習った個別の出来事を基にして，政治的暗殺の特徴に関する一般概念や原理をつくることは，詳細事項を一般

図表4-13　一般化に関する課題

情　報	
詳細事項	詳細事項に基づいて，自分なりに一般概念や原理をつくったり，その根拠を示したりできる
枠組み	既知の一般概念や原理に基づいて，自分なりに一般概念や原理をつくったり，その根拠を示したりできる
心的手続き	
スキル	自分なりに特定の心的スキルについての一般概念や原理をつくったり，その根拠を示したりできる
プロセス	自分なりに特定の心的プロセスについて一般概念や原理をつくったり，その根拠を示したりできる
精神運動手続き	
スキル	自分なりに特定の精神運動スキルについての一般概念や原理をつくったり，その根拠を示したりできる
プロセス	自分なりに特定の精神運動プロセスについての一般概念や原理をつくったり，その根拠を示したりできる

化する分析スキルを示すことになる。次の問いはこのタイプの思考を促すだろう。

　これまで実際にあったいくつかの政治的暗殺について学習してきました。これらの例に基づいて，政治的暗殺について一般概念を作ることができますか。根拠を示して説明しなさい。

　枠組みの「一般化」はかなり複雑なスキルである。既知の一般概念や原理に基づいて，新たな一般概念や原理をつくり出すことである。たとえば，いくつかの地球上の生命についての原理や一般概念をもとにして新しいものをつくることは，枠組みの一般化を行なうことになる。次の問いはこのタイプの思考を促すだろう。

　次に地球上の生命に関する文を示します。これらの一般概念に基づいてどのような結論を得ることができますか。あなたの推論について説明しなさい。
- 地球上の気候は，大きく変化し続けている
- 植物の行動の調整や統合は，一般的に動物よりも遅い
- 生命は低次から高次になるに従って構造や機能が複雑になっていく
- すべての生命は生命体から生まれ，同じ種類の生命体を作り出している
- 光は生命の制限要因である

2. 心的手続きの一般化

　心的スキルに関する「一般化」は，一連のスキルについての結論をつくり，その正当性を主張することである。たとえば，既習の表やグラフを読むスキルをもとにして，一般的な表や図の読み方についての新たな結論を導き出すことは，一般化である。次の問いはこのタイプの思考を導く。

　　あなたは，棒グラフ，円グラフ，ヒストグラム，折れ線グラフの読み方を理解していると思いますが，一般的な表やグラフを読むときにどのようなやり方をすべきか，どのような結論を出すべきか言えますか。結論を導き出すために，どのような情報を使いますか，また，その情報からどうしてあなたの結論が正しいと言えますか。

　心的プロセスに関する「一般化」は，心的スキルに関する一般化とよく似ている。2つ以上のプロセスを理解した上で，新しい結論を導き出す。次の問いがこのタイプの思考を促す。

　　絵を描くプロセス，歌を創るプロセス，物語を書くプロセスをふまえて，一般的な創造のプロセスとはどのようなものか導き出しなさい。その結論を導くためにどのような情報を使いましたか。

3. 精神運動手続きの一般化

　精神運動手続きの「一般化」は心的手続きと同じパターンである。次の問いは精神運動スキルに関する一般化を促す。

　　あなたの以下のスキルの理解をもとにして，バッティングに関して導き出せる一般的な結論は何ですか。
　　・カーブの打ち方
　　・速い球の打ち方
　　・ナックルボールの打ち方
　　・スライダーの打ち方

　また，次のような問いは精神運動プロセスに関する一般化を引き出すことになる。

　　次の動作について理解しているとして，ディフェンスについて推量できる一般的

なことはなんですか。
- バスケットボールでの1対1のディフェンス
- サッカーのディフェンス
- テニスでの強いサーブに対するディフェンス

●具体化

「具体化」は提示された状況で起こりそうなこと、もしくは起こるはずのことについて予想し、その根拠を示すことである。図表4-14は各知識領域の具体化の課題のリストである。

1. 情報の具体化

図表4-14に示されるように、詳細事項には「具体化」はない。なぜなら詳細事項はすでに具体的なので、さらに具体化することはできないからである。一方、「具体化」はルールをもとにして行なわれるため、枠組みに関しては、確実に可能な思考である。

一般概念に関する具体化は、ある項目が属するカテゴリーや類型について理解した上で、その項目について何が正しそうか、正しくなければならないかを判断することである。たとえば、熊に対する一般的な知識をもとにして、特定の種の熊についての予想を作り出し、その根拠を示すことは、知識の具体化である。次の問いはこのタイプの思考を促す。

表4-14 具体化に関する課題

	情　報
詳細事項	該当なし
枠組み	ある条件の下で、真実であるかまたは真実でなければならない一般概念や原理の特徴を明確にする
	心的手続き
スキル	ある条件下で、心的スキルに関して起こりそうなことまたは起こるはずのことについて推論し、その根拠を示す
プロセス	ある条件下で、心的プロセスに関して起こりそうなことまたは起こるはずのことについて推論し、その根拠を示す
	精神運動手続き
スキル	ある条件下で、精神運動スキルに関して起こりそうなことまたは起こるはずのことについて推論し、その根拠を示す
プロセス	ある条件下で、心的スキルに関して起こりそうなことまたは起こるはずのことについて推論し、その根拠を示す

アラスカで新しい種とみられる熊が発見されました。この熊がアラスカヒグマであったとすれば，どのような特徴を持っていなければならないか，もしくは持っていると考えられますか。どのような情報をもとにしてそのことが言えますか。

　原則に関する「具体化」は，ある条件下で，起こるべきこと，もしくは起こるであろうことについての予想をし，その根拠を示すことである。たとえば，もし地球の軌道が楕円ではなく正円であったら，なにが起こらなければならないか，なにが起きる可能性があるかについて示すことは，具体化のプロセスである。次の問いはこのタイプの思考を引き出すことになる。

　　地球の軌道が楕円形であり，その結果として起こっていることについて学習してきました。もし，地球の軌道が正円であるとすると，どのような変化が起こるはずですか。また，どのような変化が起こる可能性がありますか。どうしてそう推量したのかも説明しなさい。

2. 心的手続きの具体化

　心的スキルと心的プロセスに関する具体化は，ある特定の状況でスキルやプロセスを実行したときに，どのようなことが起こるべきか，また起こる可能性があるのかについて示すことである。たとえば，凡例がないとき，棒グラフの読み方をどのように変更すべきか考えることは知識の具体化である。次の問いはこのタイプの思考を促す。

　　凡例が与えられていない棒グラフを読む場合，その手順をどのように変更すべきですか。なぜその変更が必要なのかについても説明しなさい。

　次のような問いは，書くことに関する心的プロセスの具体化を促す。

　　下書きを書くことができない場合，作文の手順をどのように変更すべきですか。なぜその変更が必要なのかについても説明しなさい。

3. 精神運動手続きの具体化

　精神運動手続きの「具体化」は心的手続きの具体化と同様である。一定の状況においてその手続きを実行したときに，確実に起こることは何か，起こる可能性があることは何かについて示すのがそれにあたる。次の課題は精神運動スキルに関する具体化を促す。

空手の回し蹴りで，最初の動きを蹴り足のひざができるだけ胸の高さまで来るようにあげたとき，何が起こるか説明しなさい。

また，次の課題は精神運動手続きに関する「具体化」を促す。

時速110マイル（177km）の速球を投げる投手に対応するためには，バッティングの姿勢と技術をどのように修正すべきかについて説明しなさい。

レベル4：知識の活用

　その名が示すとおり，「知識の活用」は何かの状況で知識を適用したり活用したりするプロセスである。ここでは，「分析」の対象であった知識自体に焦点があてられるのではない。知識を活用した結果，改善される状況に焦点化されるのである。気圧の原理を例にしていえば，エラー分析の場合は，気圧に関する情報に焦点が絞られる。しかし，パーティの場所を屋外にするか屋内にするか決めるために気圧の知識を活用する場合（知識活用プロセス），気圧ではなくパーティがうまくできるかどうかにフォーカスされることになる。
　知識の適用には4つのプロセスがある：(1)意思決定，(2)問題解決，(3)実験，(4)調査である。ひとつひとつ考えていこう。

●意思決定

　「意思決定」とは，最初は同じように見える選択肢の中から1つを選ぶことである。図表4-15は各知識領域の意思決定の課題のリストである。

1. 情報と意思決定
　「意思決定」をする時には，詳細事項が必要なことが多い。廃棄物処理場にふさわしい場所を選定するために，いくつかの候補地の情報を比べることは，意思決定のために詳細事項を活用していることになる。次のような問いがこのタイプの思考を促す。

　廃棄物処理場の候補地として3つの場所があげられています。(1)街の北端にある湖のそば，(2)飛行場のそば，(3)街はずれの山の中。どこが最も適していると思いますか。なぜそこが適していると考えたのか，その場所の特徴を説明しなさい。

図表4-15　意思決定課題

	情　報
詳細事項	詳細事項についての知識を意思決定に用いたり，詳細事項に関する意思決定を行なう
枠組み	一般概念や原理についての知識を意思決定に用いたり，一般概念や原理に関する意思決定を行なう

	心的手続き
スキル	心的スキルについての知識や心的スキルそのものを意思決定に用いたり，心的スキルに関する意思決定を行なう
プロセス	心的プロセスについての知識や心的プロセスそのものを意思決定に用いたり，心的プロセスに関する意思決定を行なう

	精神運動手続き
スキル	精神運動スキルについての知識や精神運動スキルそのものを意思決定に用いたり，精神運動スキルに関する意思決定を行なう
プロセス	精神運動プロセスについての知識や精神運動プロセスそのものを意思決定に用いたり，精神運動プロセスに関する意思決定を行なう

　一般概念や原理は，意思決定プロセスでは，常に重要である。同じ例で考えよう。意思決定のために3つの場所についての詳細事項が用いられるのは確かである。しかし，廃棄物処理場に関する一般概念と原理よりなる「枠組み」は，通常，選択の基準となる。次の問いは，意思決定に「枠組み」を用いることを求めている。

　以下の人物の中から，平常時のリーダーに最も適した人を決定します。(a)マーティン・ルーサー・キング・ジュニア，(b)アンワル・アッ＝サーダート，(c)フランクリン・ルーズベルト。この3人から1人を決めるための基準について説明しなさい。

　選択するには，「平常時のリーダーは文化間の共通点と相違点についてよく理解しておくべきである」というような，平常時のリーダーに関する枠組み（多くの場合一般概念）を用いる必要がある。

2. 心的手続きと意思決定

　心的スキルは何かを決定するときの情報収集のツールとして用いられることがある。想定する心的スキルを用いる意思決定を引き出すためには，次のような意思決定課題を出すとよい。

　　フォーコーナース（訳注：アメリカ西部にある，4つの州の境界線が交差する地点およびそ

の周辺地域）として知られる地域の地形図を用いて，浄水場に適した場所を見つけてください。その決定に，地形図上のどのような情報が用いられたのかを説明しなさい。

注意すべきは，地形図上のどのような情報が意思決定に役立ったのかを説明させることである。このような指示は心的スキルの重要性に光をあてるには不可欠である。次のような課題は意思決定に特定の心的スキルを用いることを促すだろう。

統計ソフトであるEcostatを用いて，授業でずっと株価を追跡してきた3社のうち，長期投資に適しているものを選びなさい。意思決定にソフトウェアがどのように役立ったかを説明しなさい。

3. 精神運動手続きと意思決定

精神運動スキルや精神運動プロセスも「意思決定」に活用できる。しかし決定することはいくらか限定される。もっとも一般的なのは，ある状況にふさわしいスキルやプロセスを決める場合である。たとえば，次のような課題は空手のスキルについてのものである。

前蹴りや横蹴りは強力なのに回し蹴りは強くない相手と対戦する時にもっとも適した蹴りはなんですか。

次の意思決定課題は精神運動プロセスを使うものである。

テニスで強敵を相手にしたとき，点を取るのに最適なプロセスは次のうちどれですか。
1. サーブのリターン能力
2. ボレーの能力
3. ネットプレーの能力

●問題解決

「問題解決」における知識活用プロセスは障害や制限のある状況で目標を達成することである。図表4-16のリストは各知識領域の問題解決の課題である。

問題解決は意思決定と密接に関係しており，多くの場合，問題解決には意思決定が欠かせない。しかし意思決定は目標達成の際の障害が関係ないのに対して，問題解決

表4-16 問題解決の課題

情 報	
詳細事項	詳細事項についての知識を問題解決に用いたり，詳細事項に関する問題解決を行なう
枠組み	一般概念や原理についての知識を問題解決に用いたり，一般概念や原理に関する問題解決を行なう

心的手続き	
スキル	心的スキルについての知識や心的スキルそのものを問題解決に用いたり，心的スキルに関する問題解決を行なう
プロセス	心的プロセスについての知識や心的プロセスそのものを問題解決に用いたり，心的プロセスに関する問題解決を行なう

精神運動手続き	
スキル	精神運動スキルや精神運動スキルについての知識を問題解決に用いたり，精神運動スキルに関する問題解決を行なう
プロセス	精神運動プロセスについての知識や精神運動プロセスそのものを問題解決に用いたり，精神運動プロセスに関する問題解決を行なう

は障害が前提となる。

1. 情報と問題解決

「問題解決」には通常，詳細な知識が必要となる。たとえば，劇の舞台をどのようにつくるかという問題を解決するのにブロードウェイの劇を参考にするようなことである。次の課題について考えてみよう。

　　ガイズ＆ドールズの劇をやろうとしていますが，舞台装置を作るためのお金がありません。舞台装置の材料には箱しか使えません。ある場面のステージのスケッチを描いてください。また，箱の使い方がその場面でどのような意味があるのかについて説明してください。

この課題では，箱だけを使った舞台装置をデザインする模範になるのは，ガイズ＆ドールズのあるシーンについての知識（すなわち詳細事項）である。

一般概念は多様な「問題解決」の課題に適用することができる。一般に，解決を阻む障害を乗り越えるもっともよい方法を決めるために，一般概念や原理が使われる。ガイズ＆ドールズの劇で考えてみよう。演劇の原理を強調するために，先のものとは少し違っている。

　　ガイズ＆ドールズの劇をやろうとしていますが，舞台装置を作るためのお金があ

りません。舞台装置の材料には箱しか使えません。ある場面のステージのスケッチを描いてください。また，箱の使い方がどのように舞台装置のデザインの原理に基づいているのか説明してください。

この問題を解決するために用いられるのはミュージカルに関する詳細事項ではなく，舞台装置のデザインに関する原理である。

2. 心的手続きと問題解決

ある種の心的スキルは「問題解決」のために極めて重要である。次のように課題を出すと，頭の中での計算や見積りのためのスキルを見ることができる。

　最長 1,000 フィートの土地を囲む柵をツーバイフォー（2×4 インチ）の板材で造ります（訳注：1 フィート＝12 インチ）。どうやって造りますか。すべての計算と判断は頭の中で行なわなければいけません。計算機を使ったり，計算の過程を書き残したりしてはいけません。頭の中で見積りをすることや暗算をすることが，この問題を解くことにどのように影響したのかについて説明してください。

ここでは，特定の心的スキルの使用（この場合は，見積りと暗算のスキル）が問題解決のプロセスにどのような影響があったのかについて，尋ねることが重要である。

心的プロセスは問題を解決するために必要不可欠なツールである。たとえば，問題に示された条件をクリアするのに表計算ソフトを使わなければならない場合である。課題はこの心的プロセスがどうしても必要になるように考慮されている必要がある。

　あなたは自分の会社の経営に関する諸表を見ています。一週間あたりの売り上げ，新製品の製造単価，銀行にあるキャッシュリザーブ（訳注：借入金の返済や配当の安定化のための準備金），さまざまなカテゴリー別の諸経費についての表です。あなたの仕事は半年間でキャッシュフロー（訳注：業活動によって得られた収入から支出を差し引いた実際の資金の流れ）をできるだけ高くする方法を考えることです。ただし，その半年の間，各表の数値を 5％以上増減させることはできません。また，これまで勉強してきた表計算ソフト，Excel を使ってください。作業が終わったら，答えを考えるために Excel をどのように使ったかを説明してください。

3. 精神運動手続きと問題解決

精神運動スキルとプロセスもしくはそれらについての知識は、当然身体に関わる「問題解決」に使われる。たとえば次のテニスの課題に答えるためには、自分のサーブのスキルについての知識をもとにして、どんな動きを計画するかを考えることになる。

> あなたはとてもグラウンドストローク（フォアハンドもバックハンドも）が上手な相手とテニスの試合をすることになりました。あなたはフォアハンドはあまり得意ではありません。どんな作戦をたてますか。

次のような問いでは、バスケットに特有な精神運動プロセスを使って課題に答えることになる。

> あなたのディフェンスの技術は横の動きの素早さに頼っています。ところが、あなたは足がつってしまって、右側に速く動くことが難しくなってしまいました。あなたと同じぐらい素早く動けるのにあなたほど高く飛べない相手に対して、効果的にディフェンスするにはどうしますか。

◉ 実　験

「実験」は、物理現象や心理的現象に関する仮説を検証をすることである。図表4-

図表4-17　実験の課題

	情　報
詳細事項 枠組み	詳細事項についての知識を仮説検証に用いたり、詳細事項に関する仮説検証を行なう 一般概念や原理についての知識を仮説検証に用いたり、一般概念や原理に関する仮説検証を行なう
	心的手続き
スキル	心的スキルについての理解や心的スキルそのものを仮説検証に用いたり、心的スキルに関する仮説検証を行なう
プロセス	心的プロセスについての理解や心的プロセスそのものを仮説検証に用いたり、心的プロセスに関する仮説検証を行なう
	精神運動手続き
スキル	精神運動スキルについての理解や精神運動スキルそのものを仮説検証に用いたり、精神運動スキルに関する仮説検証を行なう
プロセス	精神運動プロセスについての理解や精神運動プロセスそのものを仮説検証に用いたり、精神運動プロセスに関する仮説検証を行なう

17 は各知識領域の実験の課題である。

1. 情報と実験

詳細事項は，仮説の生成と検証に不可欠な情報として用いられる。ある街の交通システムに対する仮説をたてて検証するには，その街の交通システムに関する詳細な知識が必要である。次の問いはこのタイプの思考を促すだろう。

　これまでデンバー市の公共交通システムについて学習してきました。そこでわかったことを用いて，このシステムについて1つ仮説を作り，検証しなさい。

「枠組み」は，そもそも仮説を生成することを含んでいるため，「実験」は「枠組み」と相性がいい。たとえば，心理学の学習者が，ある種の人々が特定の広告に対してどう反応するか仮説を生成し検証するためには，特定の種類の情報に対する人々の反応についての原理をもとにして考える必要がある。次の課題はこのタイプの思考を促す。

　これまで人々がある種の情報に対してどのように反応するのかについての原理を学習してきました。それらの原理の中からひとつを選択して，あなたのクラスのみんながある広告に対してどのような反応を示すかを予測しなさい。その予測を論理的に説明しなさい。また，仮説を検証するために何かをやってみて，その結果が仮説を支持するかどうかについても説明しなさい。

2. 心的手続きと実験

心的スキルと心的プロセスが，仮説を生成し検証する道具になることがある。周期表を読むスキルは時として実験に不可欠である。

　周期表を用いて，複数の元素同士の相互作用についての仮説をつくりなさい。そして，その仮説を検証しなさい。その結果について報告し，説明しなさい。

次の課題はWWWサイトにアクセスするときの心的プロセスを実験の道具として用いる例である。

　WWWサイトを情報源として用いて，ある種の組織がどのようなタイプのウェブサイトを作るかについて仮説を生成し，検証しなさい。

3. 精神運動手続きと実験

精神運動スキルと精神運動プロセスが「実験」の道具として用いられることがある。次の実験課題は，ゴルフのウェッジショットに関する精神運動スキルの理解を求めることになる。

　ボールが堅い平らな砂地にあるときのサンドウェッジの使い方について仮説を作り，検証しなさい。

次の実験課題はテニスのディフェンスに関する精神運動プロセスをみるものである。

　テニスで対戦者に応じてどう守ればいいか，相手のタイプを想定して仮説を作り検証しなさい。

●調　査

「調査」とは過去，現在，未来の状況を確かめるものである。第3章で説明したように，調査を仮説の生成と検証を行なう実験になぞらえることができる。しかし，用いるデータは観察から直接得られたものではなく，他の誰かによって作られた主張や意見である。加えて，根拠についてのルールも実験とは異なる。図表4-18は各知識領域で，知識活用プロセスとして「調査」を行なわせる方法についてのリストである。

図表4-18　調査課題

	情　報
詳細事項	詳細事項の知識を過去，現在，未来の出来事の調査に用いたり，詳細事項に関する調査を行なう
一般概念	一般概念や原理の知識を過去，現在，未来の出来事の調査に用いたり，一般概念や原理に関する調査を行なう
	心的手続き
スキル	心的スキルについての知識や心的スキルそのものを過去，現在，未来の出来事の調査のためのツールとして用いたり，心的スキルに関する調査を行なう
プロセス	心的プロセスについての知識や心的プロセスそのものを過去，現在，未来の出来事の調査のためのツールとして用いたり，心的プロセスに関する調査を行なう
	精神運動手続き
スキル	精神運動スキルについての知識や精神運動スキルそのものを過去，現在，未来の出来事の調査のためのツールとして用いたり，精神運動スキルに関する調査を行なう
プロセス	精神運動プロセスについての知識や精神運動プロセスそのものを過去，現在，未来の出来事の調査のためのツールとして用いたり，精神運動プロセスに関する調査を行なう

1. 情報と調査

具体的な詳細事項の知識があると，通常「調査」がしやすくなる。たとえば，ジョン F. ケネディ暗殺事件の周辺情報を理解しておくと，それが実際に何が起こったのかを調べるもとになる。次の課題はこの形の調査を引き出す。

　これまで 1963 年のジョン F. ケネディの暗殺事件について学習してきました。この事件に関して多くの矛盾した報告があります。この事件に関する矛盾した報告を一組とりあげ，それについて何がわかるかを調査しなさい。

一般概念は通常，「調査」の基軸になる。たとえば，極冠と海の深さの関係に関する理解は，次のような調査課題の基礎として用いられる。

　これまで，海の深さと極冠の関係について勉強してきました。この原理についての知識を用いて，今後 30 年間で地球の気温が 5 度上がるとしたら，何が起きる可能性があるか調査しなさい。

2. 心的手続きと調査

心的スキルは「調査」に直接使えるツールとなることがある。たとえば，特定のタイプの地図を読むスキルは，ある種の調査に不可欠である。

　1900 年のコロラドの地形図について調べなさい。地形図に掲載されている情報を使って，デンバーが州のなかで最も大きな都市になった理由について調べなさい。

心的スキルと同じく，心的プロセスも調査のためのツールとなる。たとえば，ある種のインターネット上のデータベースを用いるプロセスは，次のような調査課題に必要なツールになりうる。

　これまでホロコーストの生存者 5,000 人以上の体験談をのせたインターネット上のデータベースを使ってきました。このデータベースを用いて，第二次世界大戦中にアウシュビッツで行なわれたことについての報告で何が正しくて，正しくないか調査しなさい。

3. 精神運動手続きと調査

精神運動スキルと精神運動プロセスについての「調査」は以下のような課題によっ

て行なわれることになるだろう。

　　　精神運動スキル：バスケットボールのジャンプシュートを初めてやった人について調査しなさい。
　　　精神運動プロセス：バスケットボールのオールコートゾーンディフェンスを最初に開発した人について調査しなさい。

レベル5：メタ認知

　前章で述べたように、「メタ認知」には、(1)目標の具体化、(2)プロセスのモニタリング、(3)明瞭性のモニタリング、(4)正確性のモニタリングという4つのカテゴリーがある。

●目標の具体化

　「目標の具体化」とは、知識の諸側面についての理解やスキルに関する目標を設定して、それを達成する計画を立てることである。図表4-19は、目標の具体化に関する課題を知識領域ごとにリストにしてある。

　図表4-19に示すように、「目標の具体化」は、ある知識についての目標を設定するだけでなく、その目標をどのように達成するかを示すことも含む。目標を特定するためには、知るべき知識を目標として明示するだけでなく、そこに到達するための計画を具体的に示さなければならない。

　このタイプのメタ認知プロセスを引き出す問いは、以下のとおりである。

図表4-19　具体化の課題

	情　報
詳細事項	詳細事項について知るべき事を知るために、ねらいと計画を設定する
枠組み	一般概念や原理について知るべき事を知るために、ねらいと計画を設定する
	心的手続き
スキル	心的スキルに関わる能力を習得するために、ねらいと計画を設定する
プロセス	心的プロセスに関わる能力を習得するために、ねらいと計画を設定する
	精神運動手続き
スキル	精神運動スキルに関わる能力を習得するために、ねらいと計画を設定する
プロセス	精神運動プロセスに関わる能力を習得するために、ねらいと計画を設定する

詳　細　事　項：1999年のコソボ紛争について理解するために，どのような目標をもっているか，もつことができるか。その目標を達成するために，何をしなければならないか。

枠　　組　　み：ベルヌーイの定理を理解するために，どのような目標をもっているか，もつことができるか。どうすればその目標を達成できるか。

心 的 ス キ ル：地形図を読むスキルについて，どのような目標をもっているか，もつことができるか。その目標を達成するために，何をしなければならないか。

心 的 プ ロ セ ス：WordPerfectを使う能力について，どのような目標をもっているか，もつことができるか。どうすればその目標を達成できるか。

精神運動スキル：バックハンドを打つスキルに関して，どのような目標をもっているか，もつことができるか。その目標を達成するために，何をしなければならないか。

精神運動プロセス：バスケットボールのディフェンスをする力に関して，どのような目標をもっているか，もつことができるか。どうすればその目標を達成できるか。

　目標設定のやり方についての答えから，メタ認知プロセスをどのレベルで用いているかを知ることができる。たとえば，学習者が目標の達成について「一所懸命勉強しなければならないだろう」と書いたとしても，それはメタ認知プロセスを本当に示しているわけではない。具体的目標，おおまかな時間設定，必要な教材などを明確に示す必要がある。

● **プロセスのモニタリング**

　「プロセスのモニタリング」とは，ある手順が（とくに，目標が確定しているときに）実際にどれくらい効率的に実行されているかを見極めることである。たとえば，ある日バスケットボールのディフェンスをしているときに目標を持ち，それから継続的にどの動きが有効で，どれが効果的でないか，何を改善すればいいかをずっとモニタリングするなら，それはプロセスのモニタリングをしていることになる。プロセスのモニタリングは，情報（領域）についても当てはまる。このタイプの知識に関しては，その情報に関して学習目標がどれぐらい達成されたかについてモニタリングすることになる。

図表4-20　プロセスモニタリングの課題

	情　報
詳細事項	詳細事項に関して，どのくらいねらいが達成できているかをモニターする
枠組み	一般概念や原理に関して，どのくらいねらいが達成できているかをモニターする

	心的手続き
スキル	心的スキルに関して，どのくらいねらいが達成できているかをモニターする
プロセス	心的プロセスに関して，どのくらいねらいが達成できているかをモニターする

	精神運動手続き
スキル	精神運動スキルに関して，どのくらいねらいが達成できているかをモニターする
プロセス	精神運動プロセスに関して，どのくらいねらいが達成できているかをモニターする

1. 情報におけるプロセスのモニタリング

図表4-20に示すように，情報に関する「プロセスのモニタリング」とは，詳細事項や枠組みをどの程度理解したかという観点から，どの程度目標が達成されたかをモニタリングすることである。以下の課題が，このタイプの思考を導き出す例となる。

> 詳細事項：2001年のニューヨークのワールドトレードセンターの攻撃について学習してきました。もっと深くそれを理解するために，いくつか詳しく調べる部分を絞ってください。学習を進めながら，理解したことを記録に残してください。そして，何が理解を深めたか，何が役に立たなかったかを明示してください。
>
> 枠組み：需要と供給の原理について学習してきました。この原理について，もっと理解したいと思うことをいくつか選んでください。学習を進めながら，理解したことを記録に残すようにしましょう。そして，理解を深めるために何をしたか，役に立たないと思ってしなかったことは何かを明示してください。

2. 心的手続きおよび精神運動手続きにおけるプロセスのモニタリング

心的手続きと精神運動手続きにおける「プロセスのモニタリング」ができるかどうかは，実際に何かをしているときの進行状況やそこで使われているスキルをモニタリングする課題によってわかる。課題では，学習者が手続きをただ実行するだけでなく，短期的ゴールを設定させるように工夫することが必要である。

このタイプのプロセスのモニタリングをみるための課題は，以下のようなものになる。

> 心的スキル：次の4つの問題では，分数を比に変換する操作が必要にな

ります。まず，何ができればいいかを決めてください。問題を解きながら，目標をよりうまく達成するためにはのどこをどう変えなければならなかったかに注意しながら，変換のやり方について書いてください。

心 的 プ ロ セ ス：短い手紙を書いて，ハードディスクに保存し，「レターヘッド」書式を選んで印刷してください。これらを Word Perfect を用いて行います。まず，何ができればいいか決めてください。課題をやるときに，どれくらい WordPerfect をうまく使えているか，よりうまく使うためには，やり方のどこをどう変えなければならなかったか，書きなさい。

精神運動スキル：ももの筋肉をストレッチする適切な方法をやってみせなさい。まず，何ができればいいか決めなさい。課題をやりながら，ストレッチをどれくらい効果的に実行できていると思うか，明確に書きなさい。

精神運動プロセス：バスケットボールでディフェンスをするとします。何ができればいいか決めなさい。少しずつストップモーションで動きを止めていくので，ディフェンスをどれぐらいうまくできていると思うか，改善すべき点に注意を払いながら書きなさい。

●明瞭性のモニタリング

「明瞭性のモニタリング」とは，知識の諸側面について，どれくらいはっきりわかっていると思うかをモニタリングすることである。明瞭であることとは，はっきりしないところや曖昧なところがないことを言う。逆に言えば，ある知識を正確に知っている人は，その知識を特徴づけるものが何かがわかり，それぞれの意味を知っている。たとえば，「代表値」についてはっきり知っているなら，平均，メジアン，モードが異なる代表値であることを知っており，それぞれの意味を理解している。図表 4-21 は，各知識領域の明瞭性のモニタリングを確認するための課題である。

図表 4-21 に示すように，明瞭性のモニタリングに関するメタ認知プロセスは，どの領域にもほぼ同じように適用される。以下のような問いが，それぞれのメタ認知思考を引き出す。

詳　細　事　項：1999 年のコソボ紛争について混乱していることを明示しなさい。どうしてその混乱が起こっていると思いますか。

図表4-21 明瞭性をモニタリングする課題

情　報	
詳細事項	詳細事項のどこが混乱しているか，どこが曖昧かを明示する
枠組み	一般概念や原理のどこが混乱しているか，どこが曖昧かを明示する
心的手続き	
スキル	心的スキルのどこが混乱しているか，どこが曖昧かを明示する
プロセス	心的プロセスのどこが混乱しているか，どこが曖昧かを明示する
精神運動手続き	
スキル	精神運動スキルのどこが混乱しているか，どこが曖昧かを明示する
プロセス	精神運動プロセスのどこが混乱しているか，どこが曖昧かを明示する

枠　組　み：ベルヌーイの原理について混乱していることを明示しなさい。どこが混乱しているのか，特定しなさい。何を理解できていませんか。

心 的 ス キ ル：地形図を読むスキルについて，どこが混乱しているか明示しなさい。その混乱の原因は何だと思いますか。

心 的 プ ロ セ ス：WordPerfectの使い方について混乱していることを，なるべく具体的に明示しなさい。その混乱の原因は何だと思いますか。

精神運動スキル：ももの筋肉をストレッチする方法で混乱していることを明示しなさい。その混乱の原因は何だと思いますか。

精神運動プロセス：バスケットボールのディフェンスで混乱していることを明示しなさい。その混乱の原因は何だと思いますか。できるだけ具体的に書きなさい。

　明瞭でない部分がどれかはっきりわかるようになればなるほど，明瞭性のモニタリングに関するメタ認知プロセスがうまくできていることになる。たとえば，WordPerfectに関するメンタルプロセスについて，こう書いてあるとする。

「センタリングの仕方で混乱しています」

しかし，次のような記述はもっと深くメタ認知ができていることになる。

「前に設定したマージンを壊さないで，1行だけ戻ってセンタリングするにはどうすればいいのか，わからない」

●正確性のモニタリング

「正確性のモニタリング」とは，対象となる知識をどれくらい正確に理解しているかを見極めることである。正確性と明瞭性のモニタリングとは違っているが，関連はある。ある知識について，曖昧な部分や区別できない部分がなかったとしても，それが正確でないこともある。図表4-22は，3つの知識領域における，正確性のモニタリングをみる課題である。

図表4-22に示すように，正確性のモニタリングに不可欠なのは，正確かどうかの判断の正当性，妥当性を示すことである。これは，正確性を判断するだけでなく，その判断の根拠を示すことを意味する。正確性を評価できる根拠を，外部の何かに求める必要がある。

このタイプのメタ認知プロセスは，以下のような問いによって引き出される。

詳 細 事 項：1999年のコソボ紛争について，確実に真実だと思うことを明示して，どうしてそれが真実だと思うのかを説明しなさい。真実だと判断した根拠は何ですか？

枠 組 み：ベルヌーイの原理について，正しく理解していると思うことを明示しなさい。正しく理解していると判断した根拠は何ですか。

心 的 ス キ ル：地形図を読むスキルについて，正確にできると確信していることを明示しなさい。正確にできると判断した根拠は何ですか。

心 的 プ ロ セ ス：WordPerfectの使い方について，正しいと確信していることを明示しなさい。それが正しいと判断する根拠は何ですか。

図表4-22 正確性をモニタリングする課題

	情　報
詳細事項	詳細事項についてどれくらい正確に知っているかを，根拠とともに示す
枠組み	一般概念や原理についてどれくらい正確に理解しているかを，根拠と共に示す
	心的手続き
スキル	心的スキルについてどれくらい正確に理解しているかを，根拠と共に示す
プロセス	心的プロセスについてどれくらい正確に理解しているかを，根拠と共に示す
	精神運動手続き
スキル	精神運動スキルについてどれくらい正確に理解しているかを，根拠と共に示す
プロセス	精神運動プロセスについてどれくらい正確に理解しているかを，根拠と共に示す

精神運動スキル：ももの筋肉をストレッチするプロセスについて，正しいと確信していることを明示しなさい。それが正しいと判断する根拠は何ですか。
精神運動プロセス：バスケットボールのディフェンスについて，正しいと確信していることを明示しなさい。その判断の根拠は何ですか。

レベル6：自律システム思考

3章で述べたように，「自律システム思考」には4つの要素が含まれる。(1)重要性の検討，(2)有効性の検討，(3)感情状態の検討，(4)意欲の検討である。

◉重要性の検討

重要性を検討する自律システムのプロセスは，ある知識がどれくらい重視すべきか分析的に考えることである。3章で説明したように，人はある知識を自分自身で重要だととらえなければ，それを学習しようとは思わない。

図表4-23は，各知識領域の重要性の検討に関する課題のリストである。

図表4-23にあるように，重要性の検討の仕方は，基本的には知識の領域がちがっても同じである。このタイプの自律システム思考は，以下のような問いによって，直接引き出せる。

詳　細　事　項：1963年に起こったジョンF.ケネディ大統領の暗殺に関するできごとについて知ることは，自分にとってどれくらい重要だと思いますか。どうしてそう思うのですか。そう思うの

図表4-23　重要性の検討の課題

	情　報
詳細事項	詳細事項をどのくらい重要だと思うか明示し，なぜそう判断するのか分析する
枠組み	機能や法則をどのくらい重要だと思うか明示し，なぜそう判断するのか分析する
	心的手続き
スキル	心的スキルをどのくらい重要だと思うか明示し，なぜそう判断するのか分析する
プロセス	心的プロセスをどのくらい重要だと思うか明示し，なぜそう判断するのか分析する
	精神運動手続き
スキル	精神運動スキルをどのくらい重要だと思うか明示し，なぜそう判断するのか分析する
プロセス	精神運動プロセスをどのくらい重要だと思うか明示し，なぜそう判断するのか分析する

は論理的ですか。
枠　　組　　み：ベルヌーイの定理を理解することは，自分にとってどれくらい重要だと信じますか。どうしてそう思うのですか。そう思うのは妥当ですか。
心 的 ス キ ル：地形図を読めるようになるのは，自分にとってどれくらい重要だと信じますか。どうしてそう思うのですか。そう思うのは妥当ですか。
心 的 プ ロ セ ス：WordPerfectを使えるようになるのは，自分にとってどれくらい重要だと信じますか。どうしてそう思うのですか。そう思うのは妥当ですか。
精 神 運 動 ス キ ル：ももの筋肉を効果的にストレッチすることができるようになるのは，自分にとってどれくらい重要だと信じますか。どうしてそう思うのですか。そう思うのは妥当ですか。
精神運動プロセス：バスケットボールのディフェンスができるようになるのは，自分にとってどれくらい重要だと信じますか。どうしてそう思うのですか。そう思うのは妥当ですか。

これら二段階の問いへの答えによって，自律システムに関わる能力について深く知ることができる。重要性をうまく分析することによって，何かを重要と考えたり重要でないと考えるときの理由について説明できるようになるだけでなく，その判断の根拠や論理について検討できるようになる。

●有効性の検討

「有効性の検討」とは，知識の諸側面に関連する理解力や能力をどれくらい向上できると信じるかを検証することである。3章でみたように，人はある知識に関する能力を向上できると信じなければ，たとえそれを重要だととらえても学習しようとは思わない。図表4-24は，各知識領域の有効性の検討に関する課題のリストである。

このタイプの自律システム思考をみるには，どれくらい向上できるかを判断するもとになる信念を自覚する力だけではなく，その信念の妥当性や論理を分析する力をみる必要がある。

各領域でこのタイプの思考を導き出すのは，次のような問いである。

詳　　細　　事　　項：ジョンF. ケネディ大統領の暗殺についてどれくらいよく理解できるようになると思いますか。どうしてそう思うのです

図表 4-24　有効性を検討する課題

情　報	
詳細事項	詳細事項に対する理解をどの程度向上させられると思うか明示し，なぜそのように信じるのか分析する
枠組み	一般概念や原理に対する理解をどの程度向上させられると思うか明示し，なぜそのように信じるのか分析する

心的手続き	
スキル	心的スキルに対する心的スキルに関する能力をどの程度向上させられると思うか明示し，なぜそのように信じるのか分析する
プロセス	心的プロセスに関する能力をどの程度向上させられると思うか明示し，なぜそのように信じるのか分析する

精神運動手続き	
スキル	精神運動スキルに関する能力をどの程度向上させられると思うか明示し，なぜそのように信じるのか分析する
プロセス	精神運動プロセスに関する能力をどの程度向上させられると思うか明示し，なぜそのように信じるのか分析する

か。そう思うのは論理的ですか。

枠　　組　　み：ベルヌーイの定理をどれくらい深く理解できると思いますか。どうしてそう思うのですか。そう思う根拠はありますか。

心　的　ス　キ　ル：どれくらいうまく地形図を読めるようになると思いますか。どうしてそう思うのですか。そう思うのは論理的ですか。

心　的　プ　ロ　セ　ス：どれくらい上手に WordPerfect を使えるようになると思いますか。どうしてそう思うのですか。そう思う根拠はありますか。

精 神 運 動 ス キ ル：バックハンドをどれくらいうまく打てるようになると思いますか。どうしてそう思うのですか。そう思うのは論理的ですか。

精神運動プロセス：バスケットボールのディフェンスをどれくらいうまくできるようになると思いますか。どうしてそう思うのですか。そう思う根拠はありますか。

●感情状態の検討

「感情状態」を検討するプロセスとは，ある知識に対して，どのような感情をもっているか，どうしてそのような感情をもつのかを自覚することである。3章でみたように，否定的な感情を持つと，それが重要だとわかっていて，かつ能力とリソースを

もっていても，学習したり向上しようとする意欲が減少する。
　図表 4-25 は各知識領域の感情状態を検討する課題のリストである。
このタイプの自律システム思考は，以下の問いによって導き出される。

　　詳　細　事　項：コソボ紛争に関連して，どのような気持ちを持っていますか。どうしてそのような気持ちになるのだと考えますか。その考えは論理的ですか。
　　枠　　組　　み：ベルヌーイの定理について，どのような気持ちを持っていますか。どうしてそのような気持ちをもつのだと考えますか。その考えに根拠はありますか。
　　心 的 ス キ ル：地形図を読むスキルについて，どのような気持ちを持っていますか。どうしてそのような気持ちになるのだと考えますか。その考えは論理的ですか。
　　心 的 プ ロ セ ス：WordPerfect を使うことについて，どのような気持ちを持っていますか。どうしてそのような気持ちをもつのだと考えますか。その考えは論理的ですか。
　　精神運動スキル：バックハンドを打つテクニックについて，どのような気持ちを持っていますか。どうしてそのような気持ちになるのだと考えますか。その考えには根拠がありますか。

図表 4-25　感情状態を検討する課題

	情　報
詳細事項	詳細事項に対してどのような感情をもつか明示し，なぜそのような感情をもつのか分析する
枠組み	一般概念や原理に対してどのような感情をもつか明示し，なぜそのような感情をもつのか分析する
	心的手続き
スキル	心的スキルに対してどのような感情をもつか明示し，なぜそのような感情をもつのか分析する
プロセス	心的プロセスに対してどのような感情をもつか明示し，なぜそのような感情をもつのか分析する
	精神運動手続き
スキル	精神運動スキルに対してどのような感情をもつか明示し，なぜそのような感情をもつのか分析する
プロセス	精神運動プロセスに対してどのような感情をもつか明示し，なぜそのような感情をもつのか分析する

精神運動プロセス：バスケットボールのディフェンスについて，どのような気持ちを持っていますか。どうしてそのような気持ちになるのだと考えますか。その考えは論理的ですか。

　感情的反応の検証の鍵となるのは，そのような感情をもつにいたった経験や思考のパターンを明らかにして，それについて納得することである。これについては，ただそれを理解するだけであって，変えることを目的にするのではない。感情について意識することでコントロールがいくらかでも可能になるかどうかは，議論が分かれる。

◉意欲の検討

　自律システム思考の最後のタイプは，ある知識についての理解や能力を改善しようとする総合的な意欲を検討することである。3章で見たように，総合的な意欲は，他の3つの自律システム思考の要素（重要性の認識，有効性の認識，感情状態の認識）が混じったものである。したがって，意欲の検討は，自律システムの他の3つの要素を「包括」しているとみることができる。図表4-26は，各知識領域における意欲を検討する課題のリストである。

　このタイプの自律システム思考を明らかにする問いは以下のとおりである。

　　詳　細　事　項：コソボ紛争について深く理解するためには，どれくらいやる気を出せばいいと思いますか。その根拠は何ですか。その考

図表4-26　動機を検証する課題

	情　報
詳細事項	どのレベルまで詳細事項の理解を向上させたいと思うかを明示し，なぜそのレベルなのか分析する
枠組み	どのレベルまで一般概念や原理の理解を向上させたいと思うかを明示し，なぜそのレベルなのか分析する
	心的手続き
スキル	どのレベルまで心的スキルに関する能力を向上させたいと思うか明示し，なぜそのレベルなのか分析する
プロセス	どのレベルまで心的プロセスに関する能力を向上させたいと思うか明示し，なぜそのレベルなのか分析する
	精神運動手続き
スキル	どのレベルまで精神運動スキルに関する能力を向上させたいと思うか明示し，なぜそのレベルなのか分析する
プロセス	どのレベルまで精神運動プロセスに関する能力を向上させたいと思うか明示し，なぜそのレベルなのか分析する

えはどれくらい論理的ですか。

枠　　組　　み：ベルヌーイの定理について深く理解するには，どれくらいやる気を出せばいいと思いますか。その根拠は何ですか。その推論はどれくらい妥当ですか。

心 的 ス キ ル：地形図を読む力を向上させるのに必要なやる気のレベルは，どれくらいですか。その根拠は何ですか。その考えはどれくらい論理的ですか。

心 的 プ ロ セ ス：WordPerfect をもっと上手く使うためのやる気のレベルはどれくらいですか。その根拠は何ですか。その推論はどれぐらい妥当ですか。

精神運動スキル：バックハンドを打つテクニックを向上させるためのやる気のレベルはどれくらいですか。その根拠は何ですか。その考えはどれくらい論理的ですか。

精神運動プロセス：バスケットボールのディフェンスをすることに必要なやる気のレベルはどれくらいですか。その根拠は何ですか。その考えはどれくらい論理的ですか。

理想的には，このような問いに答えるときに，やる気に影響する3つの自律システムの要素をすべて考慮してほしい。その知識について重要だと思うこと，どれくらい有効性を感じているか，その知識に関連してどんな感情をもっているかについてコメントさせたい。また，3つの要因のどれが，意欲を決定づけているかを説明させたい。

【要　約】

　この章では，新分類体系の6つのレベルについて，3つの知識の領域（情報，心的手続き，精神運動手続き）との関連で説明した。知識のタイプ毎に各レベルの目標について，評価できるように目に見える行動の形で問いと課題を記した。

5章　目標,評価,規準を決める新分類体系

　この章と次の章では，新分類体系の特別な使い方について述べる。次章でカリキュラム設計と思考スキルについて扱うので，この章では，新分類体系を，(1)教育目標をデザインする枠組み，(2)教育評価の枠組み，(3)目標規準を記述するツール，として用いる方法について説明する。

教育目標

　新分類体系はもちろん，教育目標のデザインのための枠組みを提供することを主たる目的としてつくられた。これはブルームの分類体系の根本的なねらいでもあった。実は，ブルームの分類体系が出版される数年前に，Robert Travers (1950) が，『成績評価テストの作成』(How to make Achievement Tests) という本を著し，その中で教育目標を効果的にデザインするためには，心的プロセスの分類体系が前提になると述べている。

　　教育目標の決定が難しいのは，人の行動の分類と階層化に，心理学者たちの力が及んでいないという事実による。人の行動が分類され，数値的に測れるように各カテゴリーに整理された包括的な分類体系を作ることで，教育者の課題が簡単に達成できるようになるだろう。そして，教師たちも，共通のことばを使って教育目標について話し合うことができるようになるだろうし，同じことばを使っている以上，同じ概念について話しているという確信が持てるようになるだろう (p.10)。

　ブルームの分類体系が出版されたときから，それが教育目標をデザインするための目標となった。Airasian (1994) は，ブルームの分類体系が著される前と後の教育目標に関する理論上，実践上の議論についてまとめている。彼は，ブルームの分類体系が，研究者で評価の専門家でありカリキュラム論者かつ20世紀の第2四半期の学校改革を基礎付けた Ralph Tyler (1949a, 1949b) に献じられたのは当然だという。献辞に

はこうある。「Ralph Tyler に捧ぐ：あなたの評価に関する考えは，常にあなたの同僚たちを刺激し続けた。あなたのエネルギーと忍耐は，決して尽きることがなかった」(Bloom et. al., 1956, p. IV)。Airasian (1994) は，Tyler の「研究，論文，大学での議論によって，分類体系の著者たちが依って立つ知的構造が作られた。彼の仕事が，分類体系の根拠となり，教育内容を具体的な形にするのを助けたのだ」と説明する (p. 82)。

　Tyler はブルームの分類体系にいろいろな影響を与えたが，最も顕著なのは「目標」という概念を明確にしたことと，目標を成績評価とうまく結びつけたことである。

　Tyler は，目標は特定の知識と明確につながっていなければならず，その知識を理解したり活用したりできることを示す行動ともつながっていなければならないとした。Tyler までは，教育目標はおおまかなトピックとして書かれていた。たとえば，「蓋然性」というトピックは，さまざまな目標規準に分解されるが，Tyler の前は一つの目標だと考えられてきた。このような大きなトピックにおける能力を測定する評価項目を考える時に，テストの作成者は「大きなトピック（すなわち目標）」に含まれる，知識（覚えるべき情報）やスキルの「サンプル」をもってくる。たとえば，「蓋然性」については，独立して起こる事象の蓋然性，連続して起こる事象の蓋然性，統計における仮説検定と蓋然性の関係などである。これらの要素は，関連はしていても同じものでないのは明白だ。

　一般に，大きなトピックに含まれる内容のサンプルとなるように選ばれた項目は，基礎的な情報の再生や再認が目標となっていた。これは，20 世紀初頭の研究に基づいており（例：Tilton, 1926；Wood, 1923），当時は大きなトピックの基本となる情報についての知識は，そのトピックに関する知識を活用する能力の強力な指標になるとされていたのである。Airasian (1994) が言うには，「これらの研究からは，事実の再生を求めるテスト項目は，内容をもとにして推論することや，内容をいろいろな方法で適用するような複雑な行動の測定に代用できるという仮説が導き出された」のである (p. 83)。Tyler は，この考えを撲滅するのに一役買った。Airasian はこう説明する。

　　Tyler は，オハイオ州立大学で行なった研究で，記憶テストと推論や法則を活用するテストの得点に極めて低い相関しか出なかったと報告している。これをもとに，学習者が与えられたトピックの内容について求められる行動の種類やレベルはさまざまなのだという。それは記憶から，もっと複雑な心的操作まで幅がある。彼はさらに，丸暗記できないことを習得させたいなら，記憶している情報の量を測るのではなく，その行動そのものを分離して，特別に測定することが必要だという。なぜなら，情報の量のテストは，それを適用したり分析したり，解決する能力の指標と

しては信頼できないからだ (p. 83)。

　Tylerの洞察と厳密な筋立てによって，指導の対象とつながった限定された内容と行動を，目標として切り分けなければならないことが明らかになった（その反対は，一般的なトピックを目標とするということになる）。Tylerの3冊の著書は，この問題を深く取り扱っている (Tyler, 1949a, 1949b；Waples & Tyler, 1934)。

　そしてTylerの仕事がブルームらの分類体系の必要性を生み，その青写真となった。Airasian (1994) とAndersonら (2001) には，Tylerの目標の考え方が他の研究者の考えとは異なっていたことが端的に述べられている。どちらにもDavid Krathwohl（ブルームの分類体系の共著者の一人）とDavid Payne (1971) の著書が引用されている。両方とも目標を3つの階層に分けており，包括的目標（グローバルな目標）を最も一般的なものとする。それは幅広くいろいろなものを含み，複雑な領域をカバーしており，したがってゴールと呼ばれる。たとえば，「蓋然性の特徴を適用できる」は包括的目標あるいはねらいである。

　授業目標は，3つの中で最も限定された目標である。『授業目標の準備』(Preparing Instructional Objectives) の中で，Mager (1962) は，よい指導目標を書くには，次の3つが必要だと述べている。

1. パフォーマンス：目標は必ず学習者が何をできるようになるべきかを表していなければならない。それは時には，制作物や行動の結果の場合もある。
2. 条件：目標は，必ずそのパフォーマンスが行なわれるときの主要な条件を表していなければならない。
3. 基準：可能な限り，目標はそのパフォーマンスの合格基準を示していなければならない。つまり，合格とみなすためには，どのくらいの水準でパフォーマンスを示せばよいのかについての記述である。

　2番目の階層を，教育目標 (educational objectives：Anderson et al., 2001) と呼ぶ。そこでは，特別な領域の知識が明示されているが，パフォーマンスの条件や基準が授業目標ほどには明確ではない。しかしながら，その知識を頭の中で操作することについて，明確に記されている。

　ブルーム，Andersonら，そして新分類体系が強調するのは，この教育目標である。Andersonらは，「この枠組みによって，教師が授業の結果として学習者に学びとらせたいものをはっきり伝えやすくなる。その意図を『目標』と呼ぶ (p. 23)」と言う。新分類体系も同じ立場に立つ。さらに，目標の書き方に関して，Andersonらを踏襲

している。それは,「～ができる」という書き方で,波線の部分に動詞とその目的語を入れる。この動詞は,心的プロセス(取り出し,理解,分析,知識の活用,メタ認知,自律システム思考)についてのもので,目標の中に書き込まれる。目的語には,その心的プロセスの対象となる知識のタイプ(情報,心的手続き,精神運動手続き)が書かれる。たとえば,「減数分裂と有糸分裂の進むプロセスの類似性と違いを見つけることができる」というのは教育目標といってよい。この目標は,情報としての知識(減数分裂と有糸分裂)とレベル3(分析における比較)の心的操作に相当する知識の活用である。図表5-1は,新分類体系の各レベルにおける教育目標を,抽象的に書いたものである。

　図表5-1に示した抽象的なガイドラインを使うと,教育目標をデザインするのがかなり簡単になる。最初のステップは,目標の対象となる知識のタイプを決めることである。統計の代表値についての単元を計画しているとする。教師がまずすることは,どのようなタイプの知識を与えるかを決めることである。教育委員会の規準をもとにして,単元の一部でメジアンを扱うというようなことになる。離散数のメジアンというトピックに関して,次のような目標が考えられる。

　レベル1:取り出し
　　再認:メジアンについて正しく述べてあるかどうか判断できる。
　　再生:メジアンについて正しく説明することができる。
　　実行:複数の値からメジアンを算出することができる。
　レベル2:理解
　　統合:メジアンを定義する特徴を書くことができる
　　象徴化:メジアンの重要な特徴を図やことばで示すことができる
　レベル3:分析
　　比較:メジアン,平均,モードの類似性と違いを示すことができる
　レベル4:知識の活用
　　問題解決:メジアンの理解と算出方法を必要とする問題を解くことができる

　これらの目標は,新分類体系のレベル1からレベル4までに相当し,レベル1と2にかなり重点を置いたものになっている。単元がまったく違えば,目標はレベル2から6に及ぶこともある。もちろん,レベル1の目標が含まれないからといって,すべての学習者がメジアンについての基礎的知識に関する再認,再生,実行をできると想定されているというわけではない。

5章 | 目標，評価，規準を決める新分類体系　115

図表5-1　新分類体系の各レベルにおける教育目標の一般的形式

新分類体系の レベル	操　作	目標の抽象的な形
レベル6： 自律システム 思考	重要性の検討	情報，心的手続き，精神運動手続きが自分にとって，そしてそれらを土台とする推論にとってどのように重要かを明確にすることができる。
	有効性の検討	情報，心的手続き，精神運動手続き，およびそれらを土台とする推論に関する資質や理解を改善できると信じることができる。
	感情状態の検討	情報，心的手続き，精神運動手続きについての自分の感情状態とその理由について明らかにすることができる。
	意欲の検討	情報，心的手続き，精神運動手続きについての資質と理解を向上させようとする意欲のレベルと，その意欲のレベルにある理由を明確にできる。
レベル5： メタ認知	目標の具体化	情報，心的手続き，精神運動手続きに関するねらいを決めて，ねらいを達成するための計画をたてることができる。
	プロセスの モニタリング	情報，心的手続き，精神運動手続きに関するねらいを達成しようとする過程をモニタリングすることができる。
	明瞭性の モニタリング	情報，心的手続き，精神運動手続きについて，どこまで明確にすべきかを決めることができる。
	正確性の モニタリング	情報，心的手続き，精神運動手続きについて，どこまで正確にすべきかを決めることができる。
レベル4： 知識の活用	意思決定	情報，心的手続き，精神運動手続きを用いて意思決定することができる，または情報，心的手続き，精神運動手続きについて意思決定できる。
	問題解決	情報，心的手続き，精神運動手続きを用いて問題を解決できる，または情報，心的手続き，精神運動手続きについての問題を解決できる。
	実　験	情報，心的手続き，精神運動手続きを用いて仮説を立てて検証することができる，あるいは情報，心的手続き，精神運動手続きについての仮説をたてて検証することができる。
	調　査	情報，心的手続き，精神運動手続きを用いて調査活動ができる，あるいは情報，心的手続き，精神運動手続きに関する調査活動ができる。
レベル3： 分析	比　較	情報，心的手続き，精神運動手続きに関する重要な類似性と違いを見つけることができる。
	分　類	情報，心的手続き，精神運動手続きに関して，上位，下位の類型（カテゴリー）を決めることができる。
	エラー分析	情報，心的手続き，精神運動手続きを示したり用いたりするにあたって，そのまちがいを見つけることができる。
	一般化	情報，心的手続き，精神運動手続きをもとに，より一般的なもの

		を新しくつくることができる。
	具体化	情報，心的手続き，精神運動手続きの結果を，論理的に求めることができる。
レベル2：理解	統合	情報，心的手続き，精神運動手続きの基本的な構造を見つけることができ，またそれらの決定的な特徴と，そうでない特徴を見分けることができる。
	象徴化	情報，心的手続き，精神運動手続きについて，正確に象徴化して，決定的な要素とそうでない要素を区別することができる。
レベル1：取り出し	再認	情報の特徴について，正確に述べてあるかどうか判断できる（しかし，知識の構造を理解したり，決定的な要素とそうでない要素を見分けたりすることができる必要はない）。
	再生	情報の特徴を見出すことができる（しかし，知識の構造を理解したり，決定的な要素とそうでない要素を見分けたりすることができる必要はない）。
	実行	大きな間違いをせずに，手続きを示すことができる（しかし，なぜどのようにしてその手続きがうまくいくのかを理解する必要はない）。

Copyright©2007 by Corwin Press：All rights reserved. Robert Marzano と John Kendall による新しい教育目標の分類体系（第二版）からの転載。Thousand Oaks CA：Corwin Press. www.corwinpress.com. 本書を購入した学校サイトあるいは非営利組織における利用のみ可。

新分類体系にはできない事前の目標設定

　新分類体系には，おもしろい特徴がある。それについて論じよう。新分類体系は，学校や教育委員会が採用すべき目標を，事前に決めるためのものではない。教師自身，学校，教育委員会に参照してもらえる目標の一定の可能性を示しているだけである。実際，このシステムによる目標を参照したくない教師や学校や教育委員会がいてもおかしくない。「コア知識」によるカリキュラムを広めた E. D. Hirsch (1996) は，メタ認知や自律システムによる指導目標に，極めて批判的である。Hirsch はその目標に4つの問題があるという。

- （その目標は）普通にしていれば育つ適応的問題解決方略の発達を妨害する
- （その目標は）教科内容の授業の時数を食うことによって，重大な機会の損失を発生させる
- （その目標は）ワーキングメモリーを過剰に使わせ，学習を助けるのではなく害する
- これらすべての潜在的な問題は，学習遅延や障害のある学習者にとって最も損害

を与える

　これらの反対意見があるのに，どのタイプの知識を学習するときにも，その目標の一部にメタ認知や自律システムを含めることを勧めるのにはわけがある。まず，メタ認知や自律システム思考を学習過程に含めることの重要性を示す非常に多くの研究結果があることを，Hirsch (1996) は見落としている。Wangら (1993) によれば，22,000人の学習者を対象に，30の教育に関する変数を用いて，メタ認知と自律システムのプロセスを扱う授業方略は，学業成績に与える効果が2番目に高かった（最も高かったのは，学級運営に焦点をあてた方略であった）。

　また，自律システムとメタ認知システムの重要性は，Marzano (1998) によるメタ分析でも明らかになっている。この研究は，2,500を超える事例で，どれぐらい新分類体系を参照したかを調べたものである。たとえば，学習者の信念や態度に焦点をあてた指導法には，「自律システム」というコードが付けられた。もし，指導方法が授業の目標を自分で決めるものだったとしたら，それには「メタ認知システム」というコードが付けられた。最後に，情報の分析を扱った指導方法には，「認知システム」とコード化された。このメタ分析の結果を図表5-2に示す。

　図表5-2からは，認知システムを用いた授業方略の平均効果量は.55で，知識の理解と活用に関する得点が21%上昇していることがわかる。また，メタ認知システムに関しては，平均効果量が.72で，成績上昇が26%である。そして，自律システムに関しては，平均効果量が.74で，成績上昇が27%と，この3つの中で一番高い。この研究で言えることは，少なくとも自律システムはメタ認知システムよりも学習に影響を及ぼし，メタ認知システムは認知システムよりも学習に影響を与えるということである。

　次に，これらの領域は，それが学習過程において重要であるにもかかわらず，教育実践からは組織的に排除されてきたということである。これはとくに自律システムの目標においていえる。学習における自律システムの重要性が理学者たちには認識されてきたにもかかわらず，教育者たちはそれを授業の中に組み込んではこなかったと

図表5-2　授業方略のメタ分析（知識獲得における3つのシステムの効果）

システム	ES	n	上昇率
自律システム	0.74	147	27
メタ認知	0.72	556	26
認知システム	0.55	1772	21

ES=効果量（実験群の平均と対照群の差を標準化した値）n=効果量の数

Garciaら（Garcia & Pintrich, 1991, 1993 ; Pintrich & Garcia, 1992）はいう。

3つめに，メタ認知や自律システム思考を育成することは，自律を育てることの中核にあり，心理学者たちが言うように，それが教育の基礎的なねらいになるべきなのだ。Bandura (1997) は次のように言う。

　　自律的に学習する能力，すなわち自分自身で学習することができる力を身につけさせることは，教育の基礎的なねらいである。自己志向性は，学校教育での成功をもたらすばかりでなく，生涯にわたる学習も支えるのである (p. 174)。

最後に，世論が全体として，メタ認知や自律システム思考に関する教育目標を支持しているというデータがある。高等学校卒業までに250の教育目標の中でどれが一番大切かを問う世論調査において，上位三分の一の中に，自律システムやメタ認知思考と関連する目標が有意に多く含まれていた。たとえば，250の中の6番目は，感情的な健全さについて理解し維持する能力である（これについての議論は，Marzano et al., 1998 ; Mrzano et al., 1999 を参照）。

メタ認知や自律システム思考に関する目標を扱うかどうかは，個々の教師，学校，教育委員会が決めるべきことである。たしかに，単元のすべての内容を新分類体系のすべてのレベルとして扱う必要はない。実際，Andersonら (2001) は，学習の認知的側面に注目して，「目標に関して，可能性のある学習成果を網羅して取り扱うということを目指しているわけではない。それは一部には，われわれがもっぱら認知的な学習結果に焦点をあてているからでもある (p. 23)」という。

反対に，もしすべての知識領域を教育目標にして，自律的に学習する力を育てたいと望むのであれば，メタ認知や自律システムに関する目標を対象とすべきなのはあきらかである。

評価をデザインするツール

Airasian (1994) は，ブルームの分類体系は，授業，カリキュラム，評価に役だったと説明する。しかし，1950年代後半には，評価をデザインするツールという見方が強かった。ブルームの分類体系が最初に広く使われたのが，評価をデザインするひな型（テンプレート）としてだったというのは驚くにあたらない。したがって，新分類体系もまた，評価をデザインするために利用できるだろう。この目的で用いるなら，図表5-3に示すように，レベル別に評価項目をつくる強力な枠組みになる。図表5-

3では，各レベルにおける問いのひな型を示している。

評価をデザインしようとすると，その形式について考えなければならない。近年，さまざまな新しいタイプのデータの収集方法が評価に適していると考えられるようになってきた。次に示す方法が，K-12の学校で評価のために用いられている。

- 選択肢方式

図表5-3　新分類体系の各レベルにおける抽象的な問い

新分類体系のレベル	操作	評価をデザインするための問いのひな型
レベル6：自律システム思考	重要性の検討	情報，心的手続き，精神運動手続きが，どれぐらい自分にとって重要か。どうしてそう推論するか。その推論はどれだけ論理的か。
	有効性の検討	情報，心的手続き，精神運動手続きについて，どれだけしっかり学習できるか。そうしてそう推論するか。その推論はどれだけ論理的か。
	感情状態の検討	情報，心的手続き，精神運動手続きについて，どのように感じるか。そう感じる背景は何だと推論するか。その推論はどれだけ論理的か。
	意欲の検討	情報，心的手続き，精神運動手続きについての意欲の状態は全体としてどれぐらいか。どうしてそう推論するか。その推論はどれだけ論理的か。
レベル5：メタ認知	目標の具体化	情報，心的手続き，精神運動手続きに関して学ぶ自分自身のねらいはなにか。そのねらいを達成するための計画はどうするか。
	プロセスモニタリング	情報，心的手続き，精神運動手続きに関して学ぶための計画について，どこが上手くいっていてどこが滞っているか。
	明瞭性のモニタリング	情報，心的手続き，精神運動手続きについて，何が明確で何が明確でないか。
	正確性のモニタリング	情報，心的手続き，精神運動手続きについて，何が正確で，何が正確でないか。
レベル4：知識の活用	意思決定	情報，心的手続き，精神運動手続きをどのように用いれば意思決定できるか。それらに関するどのような意思決定ができるか。
	問題解決	情報，心的手続き，精神運動手続きをどのように用いれば問題を解決できるか。それらに関するどのような問題を解決できるか。
	実験	情報，心的手続き，精神運動手続きをどのように用いれば，仮説を立てて検証することができるか。それらに関するどのような仮説を立てることができ，検証することができるか。
	調査	情報，心的手続き，精神運動手続きをどのように用いれば，何

		かについての調査活動ができるか。それらに関するどのようなことが調べられるか。
レベル3：分析	比　較	情報，心的手続き，精神運動手続きは，異なる情報，心的手続き，精神運動手続きとどこが似ていて，どこが違うか。
	分　類	情報，心的手続き，精神運動手続きは，どのような上位類型（カテゴリー）に属しているか。それらの下位カテゴリーは何か。
	エラー分析	情報，心的手続き，精神運動手続きにおいて，あるとすれば，どのような間違いがあるか。
	一般化	情報，心的手続き，精神運動手続きをもとに，より抽象的なものにするとすれば，それは何か。
	具体化	情報，心的手続き，精神運動手続きに関して，どのような結果が予測ができて，それはどうすれば調べられるか。
レベル2：理解	統　合	情報，心的手続き，精神運動手続きの基本的な構造は何か。またそれらの決定的な要素と，そうでない要素はそれぞれどれか。
	象徴化	情報，心的手続き，精神運動手続きの基本的な構造を象徴したり図示したりするのに，どのように表せばいいか。
レベル1：取り出し	再　認	情報の特徴について正確に述べてある文は，次のうちどれか。
	再　生	情報，心的手続き，精神運動手続きについて詳しく言うとどうなるか。
	実　行	対象となる心的手続き，精神運動手続きを示しなさい。

Copyright ⓒ 2007 by Corwin Press：All rights reserved. Robert Marzano と John Kendall による新しい教育目標の分類体系（第二版）からの転載。Thousand Oaks CA：Corwin Press. www.corwinpress.com. 本書を購入した学校サイトあるいは非営利組織における利用のみ可。

- 絵画，グラフィックオーガナイザー，図式，グラフ
- 作文，口頭報告
- パフォーマンス課題
- 教師による観察

　ここでは，「評価」という語が特別な意味で用いられているということは重要である。新分類体系を評価のツールとして用いる話をする前に，共用語について定義しておくのは大切だ。

- 評価（assessment）：学習者の学習成果や行動についての情報を集めること。
- 評定（evaluation）：学習者の理解やパフォーマンスのレベルを判断するプロセス。

- 測定（measurement）：明確なルールに従って点数をつけること。
- 得点（score）：測定のプロセスを通じて評価された数値や文字。点数は得点と同意である。
- グレード：一定の期間が過ぎたときに、学習者に与えられる総括的な評定のための数値や文字。

　この定義にみるように、評価は、学習者についての判断（すなわち評定）を下すためのデータを収集することであり、判断のためにはある種の尺度（すなわち測定）による位置づけが行なわれる。そう考えると、異なるレベルの異なるタイプの知識に対しては、それぞれに合ったタイプの評価方法が必要になると言ってよい。

　この章では、先にあげた5つのタイプの評価方法について掘り下げていきたい。ただしここでは、それぞれの方法について、最も適した用途について述べているだけだということに注意しておいて欲しい。おそらくどの評価方法も、どのレベルのどのタイプの知識に対しても用いることができるというのが本当だろう。以下に述べるのは、知識の領域とレベルが決まったときに、それに最適な評価方法はどれかという話である。

●選択肢方式

　評価の専門家である Rick Stiggins（1994）は、選択肢方式について次のように述べている。

> 古典的な筆記式の客観テストである。学習者は一連の問いに対して、いくつかの選択肢の中から適切なものを選ぶ。課題には、正しいものを選ぶ場合も、間違いを選ぶ場合もある。成績は、正解の数あるいは正答率で示される（p. 84）。

　Stiggins（1994）は、選択肢方式には4つの種類があるという。(1)多肢選択方式、(2)正誤選択方式、(3)対応付け方式、(4)短答・穴埋め方式である。Stiggins によれば、短答・穴埋め方式が含まれるのは、答えを一つしか書けなくて、その正誤が決まっているからだという。教師はよく、（文章による出題に対する解答としての）選択肢方式を使って、問題や宿題、中間テストや期末テストをつくる。教室での評価では、中心となる評価方法である。

　選択肢方式を、6つのレベルごとに3つの知識領域を評価する方法について、図表5-4に示す。

　図表5-4では、選択肢方式が、どのタイプの知識についても情報を「再認」でき

るかどうかを評価するのに最も適していることを示している。次の例をみてみよう。

1. 情報：ナトリウムイオンはナトリウム原子とは違うが，どう違うか。
    a. ナトリウムイオンはナトリウムの同位体である
    b. ナトリウム原子よりも反応しやすい
    c. 原子核において正の電荷を帯びる
    d. 溶液の中にだけ存在する
    e. 電子の数が少ない
2. 心的手続き：WordPerfect で新しいファイルを保存するときの正しい手順は次のうちどれか。
    a. 「ファイル」表示の上にマウスをもっていって，「保存」をクリックする。
    b. 終了するときにアプリケーションが自動的に保存する。
    c. ファイルの最後に「保存」と入力する。
    d. 「ファイル」表示の上にマウスをもっていって，「新規保存」をクリックする。
3. 精神運動手続き：野球ボールでカーブを投げるときの正しい握り方について，最も正しいのはどれか。
    a. 人差し指と中指を大きく広げて，ボールのなめらかなところにおく
    b. 人差し指と中指をくっつけて，ボールの縫い目におく
    c. 人差し指と中指をくっつけて，ボールのなめらかなところにおく
    d. 人差し指と中指を大きくひろげて，ボールの縫い目におく

図表 5-4　選択肢方式

	情　報	心的手続き	精神運動手続き
レベル6：自律システム思考			
重要性の検討			
有効性の検討			
感情状態の検討			
意欲の検討			
レベル5：メタ認知			
目標の具体化			
プロセスのモニタリング			
明瞭性のモニタリング			
正確性のモニタリング			

5章 | 目標，評価，規準を決める新分類体系　123

レベル4：知識の活用			
意思決定			
問題解決			
実　験			
調　査			
レベル3：分析			
比　較			
分　類			
エラー分析			
一般化			
具体化			
レベル2：理解			
統　合			
象徴化			
レベル1：取り出し			
再　認	√	√	√
再　生			
実　行			

絵，グラフィックオーガナイザー，図式，グラフ

　絵，グラフィックオーガナイザー，図式，グラフはすべて，知識を表す方法を重視した評価方法である。これらを6つのレベルごとに3つの知識領域でどのように使えばよいかを，図表5-5に示す。

図表5-5　絵、グラフィックオーガナイザー、図式、グラフ

	情　報	心的手続き	精神運動手続き
レベル6：自律システム思考			
重要性の検討			
有効性の検討			
感情状態の検討			
意欲の検討			
レベル5：メタ認知			

目標の具体化			
プロセスのモニタリング			
明瞭性のモニタリング			
正確性のモニタリング			
レベル4：知識の活用			
意思決定			
問題解決			
実　験			
調　査			
レベル3：分析			
比　較	√	√	√
分　類	√	√	√
エラー分析			
一般化			
具体化			
レベル2：理解			
統　合			
象徴化	√	√	√
レベル1：取り出し			
再　認			
再　生			
実　行			

　絵や図を用いた報告等は，ことばよりも非言語による表現を重視しており，どのように正確に知識を象徴できているかを見るのに適している。図表5-5に示すように，この方法のいくつかは，分析のプロセスにおける，「比較」と「分類」の力を評価するのに向いている。というのも，そのためにつくられたグラフィックオーガナイザーがあるからだ。図表5-6aと図表5-6bは，「比較」と「分類」に用いるグラフィックオーガナイザーの例である。

5章 | 目標，評価，規準を決める新分類体系　125

図表 5-6a　比較のためのグラフィックオーガナイザー

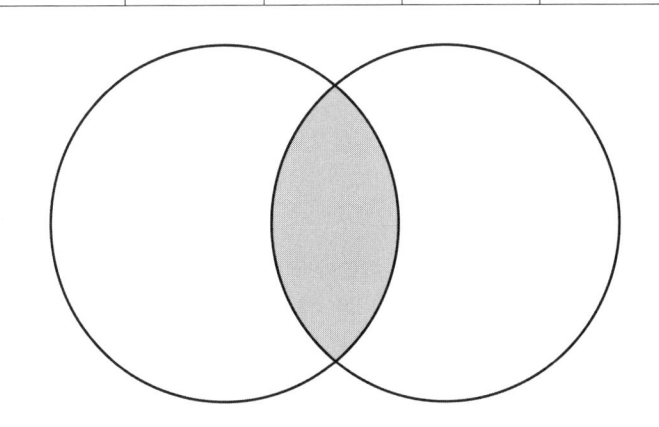

特徴	比較の観点			
	1	2	3	
1				類似
				差異
2				類似
				差異
3				類似
				差異
4				類似
				差異

Copyright©2007 by Corwin Press：All rights reserved. Robert Marzano と John Kendall による新しい教育目標の分類体系（第二版）からの転載。Thousand Oaks CA：Corwin Press. www.corwinpress.com. 本書を購入した学校サイトあるいは非営利組織における利用のみ可。

図表5-6b　分類のためのグラフィックオーガナイザー

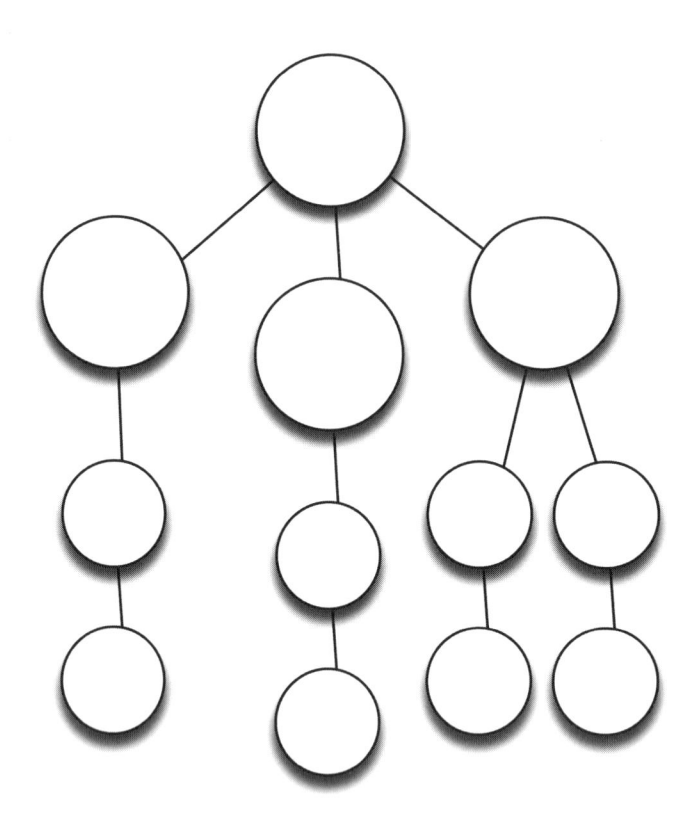

類型（カテゴリー）							

Copyright © 2007 by Corwin Press：All rights reserved. Robert Marzano と John Kendall による新しい教育目標の分類体系（第二版）からの転載。Thousand Oaks CA：Corwin Press. www.corwinpress.com. 本書を購入した学校サイトあるいは非営利組織における利用のみ可。

作文，口頭報告

作文は，公教育の中で一番最初に用いられた評価方法だろう。作文では，学習者自身の考えを書く。そのため，何かについての説明を引き出して評価するのに向いている。作文で，情報の「再生」だけでないものを評価するために，評価・規準・テスト研究センター（the Center for Research on Evaluation, Standards, and Student Testing：CRESST）は，学習者に作文のもとになる情報をあらかじめ与えておくことを推奨している。たとえば，CRESSTは歴史についての問いにおいて，図表5-7のような背景情報を示すようにしている（訳注：ステフン A. ダグラス：(1813～1861) イ

図表5-7　作文の背景になる知識

	リンカーンとダグラスの公開討論
ステフン A. ダグラス	スプリングフィールドの共和党州大会でリンカーン氏は上院議員候補に選ばれました。その際，リンカーン氏はみなさんにこう言いました。 「分かれたる家は立つこと能わず」 「私は，この国家が恒久的に半ば奴隷，半ば自由の状態で存続することはできないと信じる」 「私は，アメリカ合衆国が解体されることを望んではいない。家が倒壊することを望んではない。そうではなく，この国が分かれて争うことを止めることを望んでいるのだ」 「全体としてある主張に与するか，あるいはもう一つの主張に与するかである」 　これは，リンカーン氏のキャンペーンの根本的な主張です。しかし，注意深くその意味と結果を考えてみたら，みなさんがたった一つのことばを信じるとは思えません。連邦は1789年から今日まで，自由州と奴隷州に分断されながらも続いています。しかし，将来，完全な自由か完全な奴隷制かを選ばなければ存続できないというのです。これをみてもリンカーン氏の言うことは…
アブラハム・リンカーン	ダグラス判事は，私のスプリングフィールドでの演説に対して2つのことを指摘しました。それがこのキャンペーンの問題であるかのように。まず，私がスプリングフィールドで語った言葉にもとづいて指摘したことを，覚えている限り正確に引用しましょう。私は，「明確な抗議に対してある法律が制定されてから，5年がたとうとしています。そして，まちがいなく，奴隷制を廃止しつつあります。この法律があるのに，奴隷制を求める声はなくならないばかりか，まだ常に議論されているのです」「私は，危機がやってきて去るまで，それは終わらないと考えます。"分かれたる家は立つこと能わず"はこの国家が恒久的に半ば奴隷，半ば自由の状態で存続することはできないと信じる」「私は，合衆国が解体されることを望んではない」…私は，自分の演説を引用しています…「家が倒壊することを望んではない。そうではなく，この国がわかれて争うのを止めることを望んでいるのだ。全体としてある主張に与するか，あるいはもう一つの主張に与するかである。奴隷制の反対論者たちが，完全に廃止すると信じて，奴隷制の広がりを食い止めて大衆の心が安まるところにとどめるか，賛成論者たちが，すべての州において，南部と同様北部においても，合法であるかのようにするまで…

リノイ州選出の政治家で，合衆国領土における人民主権理論をかかげ，1858 年の上院議員選挙で，7 度に渡る公開討論の末リンカーンに辛勝したが，1860 年の大統領選ではリンカーンに敗北した。「小さな巨人」と呼ばれる）。

　　今が 1858 年で，あなたはイリノイ州の教養のある市民です。政治に関心があり，常に情報を集めるようにしているので，イリノイ州の上院議員選挙のキャンペーンにおけるアブラハム・リンカーンとステファン・ダグラスの公開討論を聞きに出かけました。公開討論が終わって家に帰り，このとき合衆国が直面していたいくつかの問題について，従兄弟が質問してきました。
　　従兄弟が理解しなければならない問題と考えについて，説明しなさい (Baker et al., 1992, p. 23)。

　口頭報告は，作文が口頭で行なわれるものである。よくできた作文の課題と同じようにつくれば，口頭報告の課題もよいものになる。
　新分類体系の 6 つのタイプの 3 つの領域の知識の評価に，作文や口頭報告がどれぐらい使えるかを，図表 5-8 に示した。
　作文は事実上，新分類体系のほぼすべてのレベルのほぼすべてのタイプの知識に対する評価データとなる。作文や口頭報告は，図表 5-8 にチェックを入れたすべての要素において必要とされる「根拠」について，説明したり発表したりするために理想的な方法だからである。たとえば，自律システムにおける「重要性の検討」の力を示さなければならないときには，何かを説明することが学習者には求められる。4 章でみた次のような問いは，精神運動プロセスにおけるバスケットボールのディフェンスに関する思考を引き出す。

　　バスケットボールのディフェンスができるようになるのは，自分にとってどれくらい重要だと信じますか。どうしてそう思うのですか。そう思うのは妥当ですか。

　この問いに答えるためには，ただ説明するだけでなく，論拠を示さなければならない。作文も口頭報告も，その両方を伝えるのに適している。
　作文や口頭報告が適さないとされているのは，取り出しにおける「再認」，「再生」，「実行」と，理解における「象徴化」のプロセスである。元来，これらのプロセスは，説明を必要としない。

図表5-8　作文と口頭報告

	情　報	心的手続き	精神運動手続き
レベル6：自律システム思考			
重要性の検討	√	√	√
有効性の検討	√	√	√
感情状態の検討	√	√	√
意欲の検討	√	√	√
レベル5：メタ認知			
目標の具体化	√	√	√
プロセスのモニタリング	√	√	√
明瞭性のモニタリング	√	√	√
正確性のモニタリング	√	√	√
レベル4：知識の活用			
意思決定	√	√	√
問題解決	√	√	√
実　験	√	√	√
調　査	√	√	√
レベル3：分析			
比　較	√	√	√
分　類	√	√	√
エラー分析	√	√	√
一般化	√	√	√
具体化	√	√	√
レベル2：理解			
統　合	√	√	√
象徴化			
レベル1：取り出し			
再　認			
再　生			
実　行			

パフォーマンス課題

　パフォーマンス課題が，評価のツールとして一般的になってきた。その特徴のひとつは，学習者に知識を適用して何かをすることを求める点である（Meyer, 1992）。全米学力調査（the National Assessment of Educational Progress）で用いられたパフォーマンス課題についてみてみよう（より詳しくは，全米教育サービス：Educational Testing Service, 1987 を参照）。

1. 学習者は，7つの異なる建材のそれぞれの表面に1滴の水滴をつけたときに起きることを観察して書くように求められる。次に，買い物袋で覆われてテストできない未知の材料の表面に，1滴の水滴がついたときの様子を予測するように求められる。
2. 学習者には，3つの異なる材料のサンプルと口の開いた箱が渡される。サンプルは，サイズ，形，重さが違っている。学習者は，その箱がA，B，Cのそれぞれの材料で一杯になったときに一番軽くなる（および一番重くなる）ものはどれか問われる。

　Fred Newmann ら（1995）は，図表5-9にあるような幾何と社会のパフォーマンス課題を示している。
　パフォーマンス課題が，各レベルの3つの知識領域を評価するのにどのように用いることができるかを，図表5-10に示した。

図表5-9　パフォーマンス課題

幾何の課題	キャンベルのトマトスープ（総量10 3/4オンス）の缶詰を576個入れられるパッケージをデザインしなさい。また，ケロッグのライスクリスピー（総量19オンス）を入れられるパッケージをデザインしなさい。それぞれのパッケージの透視図には，前面，上面，側面のそれぞれにスケールを入れて，実測値を記入すること。展開図と比例尺の図もつけること。また，宣伝用の三次元モデルをつくること。
社会の課題	ロス・アンジェルス南部中央に住む友だちに，Rodney King 事件に関わった警官が無罪だったことで起こった出来事について感じたことを，手紙にしなさい。社会的不正義に対して自然と感じる憤りと，非暴力主義の間にある葛藤について論じなさい。

〔訳注：1オンス＝28.3495g／ロドニー・キング事件：1991年，スピード違反で停車を命じられた仮釈放中のロドニー・キングは，警官に激しい暴行を受けた。しかしこの様子が地域住民によって撮影され全米ニュースでとりあげられる一方で，暴行を行った白人警官らに無罪判決が下され，それがロス暴動を引き起こした。〕

図表5-10　パフォーマンス課題

	情　報	心的手続き	精神運動手続き
レベル6：自律システム思考			
重要性の検討	√	√	√
有効性の検討	√	√	√
感情状態の検討	√	√	√
意欲の検討	√	√	√
レベル5：メタ認知			
目標の具体化	√	√	√
プロセスのモニタリング	√	√	√
明瞭性のモニタリング	√	√	√
正確性のモニタリング	√	√	√
レベル4：知識の活用			
意思決定	√	√	√
問題解決	√	√	√
実　験	√	√	√
調　査	√	√	√
レベル3：分析			
比　較	√	√	√
分　類	√	√	√
エラー分析	√	√	√
一般化	√	√	√
具体化	√	√	√
レベル2：理解			
統　合	√	√	√
象徴化	√	√	√
レベル1：取り出し			
再　認			
再　生			
実　行		√	√

図表5-10にあるように，パフォーマンス課題は，「再認」と「再生」以外のすべてのレベル，すべてのタイプの知識を評価することができる。その理由の一つは，作文や口頭報告がパフォーマンス課題に含まれるからである。したがって，作文と口頭報告によって評価できるすべてのレベルと知識に関して，評価可能である。さらに，パフォーマンス課題は，作文や口頭報告では示すことができないスキルやプロセスの実行についても示すことができる。パフォーマンス課題によっては，特定の精神運動プロセスを行なう能力を示すことができる。それは，作文や口頭報告では難しい。

教師の観察

　評価データを集める最も簡単な方法の一つは，ふだんから学習者を観察することである。Audrey Kleinsasser (1991) は，教師による観察は，「学習者とのふだんの会話と毎日1日中行なう観察」(p. 9) のことだという。「読み」の専門家 Yetta Goodman (1978；Wilde, 1996) はこのことを「キッズ・ウォッチング」と呼んでいる。研究者である Robert Calfee (1994；Calfee & Hiebert, 1991) は，教師が対象となる教科内容についてよく知っている場合の，教師の観察の妥当性について実証している。

　端的に言うと，教師の観察とは，学習者が毎日勉強している知識に関する理解と能力について，記録することである。それは，評価データを集める方法としては，最も目立たない方法である。なぜなら，教師は特別の課題やテストを作ったり課したりしないからである。Stiggins (1994) は，教師がどのように社会的相互作用のスキルに関する観察を行なうか，例を示している。

　　担任教師は，学習者がクラスの他の友だちとかかわるのを見て，その子の社会的相互作用のスキルがどの程度発達しているかを推論している。もし，観察者によって明確に判定できるようにレベルが定義されていれば，注意深く観察している教師は，社会性の発達を促すための方略を計画するのに役立つ情報を，観察から引き出すことができるだろう。しかしそれは，解答の正誤が決まるような評価ではない。作文によるテストのように，学習者のパフォーマンスを低から高までのものさしに位置づける判断を行なう教師を信頼すべきものである (p. 160)。

　図表5-11は，各レベルの3つの領域の知識において，教師の観察が適当なものを示している。
　教師の観察は，短時間で簡単に見て取れるプロセスに向いている。図表5-11から

図表 5-11　教師の観察

	情　報	心的手続き	精神運動手続き
レベル6：自律システム思考			
重要性の検討			
有効性の検討			
感情状態の検討			
意欲の検討			
レベル5：メタ認知			
目標の具体化			
プロセスのモニタリング			
明瞭性のモニタリング			
正確性のモニタリング			
レベル4：知識の活用			
意思決定			
問題解決			
実　験			
調　査			
レベル3：分析			
比　較			
分　類			
エラー分析			
一般化			
具体化			
レベル2：理解			
統　合	√	√	√
象徴化	√	√	√
レベル1：取り出し			
再　認			
再　生	√	√	√
実　行		√	√

わかるように，教師の観察は，「取り出し（「再認」をのぞく，「再生」，「実行」）」と，「理解」のプロセスに限定される。というのは，再生や実行を行なっているかどうかは，素早く観察できるからである。期間巡視をしながら，教師は子どもが正確に棒グラフを読めているか，何を覚えているかというようなことを，さりげなく観察している。しかし，情報を分類したり実験したりして導き出した結果を一目で知るのは簡単ではない。

規準の活用を進めるしくみ

　小〜高校の教育要領を決めるときによく言われるのは，すべての学習者が学校で得るべき知識やできるようになるべき事を各学年で明確にし，内容がうまく学習できるように，らせん型にカリキュラムを組み立てる（訳注：同じ内容を，徐々に難易度をあげながらいくつかの学年で繰り返し学ぶカリキュラム）ということである。教育要領の策定についてすべてをここで扱うことは，本書の目的ではないが（詳しくは，Marzano & Kendall, 1996a, 1996b），その特徴と機能について簡単に見ておくことは大切である。

　多くの教育者たちは，今では有名な『危機に立つ国家』(National Commission on Excellence in Education, 1983) の刊行が，現在の教育要領策定の契機になったことをご存じだろう。Lorrie Shepard (1993) は，この報告書の発行によって，教育のレトリックは大きく変わったという。教育改革を進めたい人々は，合衆国の経済保障や経済競争力と教育システムを関係づけはじめたのである。しばしば引用される，この恐ろしい言葉を誰が忘れられよう。「今や国家としてのこの国の将来と，その人民を脅かす凡庸さが増大する中で，われわれの社会における教育の根本が浸食されている…そして，われわれは 事実上，考えることを求めない非創造的な教育の武装解除に関与してきたのである (1983, p. 5)」

　教育によって，合衆国の若者を一人前にさせることへの関心は，ジョージ・ブッシュ大統領（当時）や合衆国の政治家たちによってかきたてられ，1989年9月にヴァージニア州のシャルロッテビルで教育サミットが開催された。Shepard (1993) は，このサミットについて，ブッシュ大統領とビル・クリントン州知事（当時）を含む合衆国の政治家は，2000年までに達成すべき6つの大綱的ゴールを決めた（訳注→章末）という。このゴールと基本原則は，『教育目標達成状況報告書〜学習に向けた国家の創造〜』(*The National Education Goal Report : Building a Nation of Learners* (National Education Goals Panel, 1991)) で読むことができる。そのうち2つのゴール（3と4）は，とくに学業成績に関するものである。

ゴール3：2000年までに，米国の4,8,12年生は，英語，数学，理科，歴史，地理という難しい教科における能力を身につける。また，すべての米国の学校は，責任ある市民性，さらなる学習，生産性の高い労働力に対する準備ができるように，すべての学習者が頭脳を活用できるように保障する。

ゴール4：2000年までに，合衆国の学習者は，理科と数学の成績において，世界のトップになる。

このゴールを達成するためのしくみのひとつとして，学習すべき知識とできるようになるべき事項についての規準が，すべての主要教科において決められたのである。図表5-12は，全米教科団体（national subject matter organizations）が示した規準についての文書リストである。

図表5-12にあげたリストに加えて，49ないしは50の州が，週単位で規準を策定した。

国家および州レベルの共通規準協議会では，知識の一般的なカテゴリーに関する規準を定義することになった。内容規準は主に，学習すべきねらいを扱える程度の量におさえて，学問的な教科領域を編成しようとするものだった。たとえば，McRELのオンライン概要は（Kendall & Marzano, 2005），全米規準および主要な州の規準を統合して，理科全体を通して使える規準をいくつか示している。次のようなものである。

理科の規準
  地球・宇宙科学
    1. 大気循環のプロセスと水循環について理解する
    2. 大地の生成と構造について理解する
    3. 宇宙の発生と構造および地球の位置について理解する

  生命科学
    4. 遺伝とそれに関する諸概念の原理について理解する
    5. 細胞と組織の構造と機能について理解する
    6. 微生物とその物理環境との関係について理解する
    7. 生物学的進化と生命の多様性について理解する

図表 5-12　全米規準に関する文書

科　学	National Research Council. (1996). *National Science Education Standards*. Washington, DC：National Academy Press.
外国語	National Standards in Foreign Language Education Project. (1999). *Standards for Foreign Language Learning in the 21th Century*. Lawrence, KS：Autor.
英語技術 English Language Arts	National Council of Teachers of English and the International Reading Association. (1996). *Standards for the English Language Arts*. Urbana. IL：National Council of Teachers of English.
歴　史	National Center for History in the Schools. (1994). *National Standards for HIstory for Grades K-4：Expanding Children's World in Time and Space*. Los Angeles：Author National Center for History in the Schools. (1994). *National Standards for United States History：Exploring the American Experience*. Los Angels：Autor. National Center for History in the Schools. (1994). *National Standards for World HIstory：Exploring Pathes to the Present*. Los Angels：Autor. National Center for HIstory in the Schools. (1996). *National Standards for History：Basic Edition*. Los Angeles：Autor.
芸　術	Consortium of National Arts Education Associations. (1994). *National Standards for Arts Education：What Every Young American Should Know and Be Able to Do in the Arts*. Reston, VA：Music Educators National Conference.
保　健	Joint Committee on National Health Education Standards. (1995). *National Health Education Standards：Achieving Health Literacy*. Reston, VA：Association for the Advancement of Health Education.
市　民	Center for Civic Education. (1994). *National Standards for Civics and Government*. Calabasas, CA：Author.
経　済	National Council on Economic Education. (1996, August). *Content Statements for State Standards in Economics K-12* (unpublished manuscript). New York：Autor.
地　理	Geography Education Standards Project. (1994). *Geography for Life：National Geography Standards*. Washington, DC. National Geographic Research and Exploration.
体　育	National Association for Sport and Physical Education. (2004). *Moving into the Future：National Standards for Physical Education* (2nd ed.). Reston, VA：Autor.
数　学	National Council for Teachers of Mathematics. (2000). *Principles and Standards for School mathematics*. Reston, VA：Autor.
社　会	National Council for the Social Studies. (1994). *Expectations of Excellence：Curriculum Standards for Social Studies*. Washington, DC. Author.

物理化学
   8. 物質の構造と特徴について理解する
   9. エネルギーの発生源と特徴について理解する
  10. 力と運動について理解する

科学の性質
  11. 科学的知識の特徴について理解する
  12. 科学的探究の特徴について理解する
  13. 科学的探索について理解する

　それぞれの規準に含まれる内容は，どれも到達規準，指標，あるいは到達目標と呼ばれる細かい要素に分かれている。通常，学年段階に分けて，複数の到達規準が作られる。図表5-13は，4つの学年段階（幼稚園～2年生，3年生～5年生，6年生～8年生，9年生～12年生）に分けた到達規準で，「大気循環プロセスと水の循環を理解する」と題されている。到達規準を学年段階に割り当てるために，教育者や教育内容の専門家が，学習内容をどのように示せば最も学習しやすいかを考慮して系統的に配置している。「科学リテラシーの到達規準」の開発者は，「到達規準は，学習者がある概念を学ぶときに，"概念的あるいは心理的な意味で必要とする既有の考え"は何かを明かにすることによって編成された」という (Project 2061, 1993, p. 304)。図表5-13に示す到達規準は，水の循環を学ぶ前に，水の基本的な特徴と三態を理解しているべきだということを示唆している。

　図表5-13の系列は，Hilda Taba (1967) が「らせん型カリキュラム」と呼んだものとなっている。その根本原理は，新しい知識はそれまでの学年で学んだ基本的な形式で教えられるというものである。後ろの学年では，同じ知識はより深くより複雑になる。この同じ考えは，Jerome Bruner (1960) や Patricia Murphy (1974) にも見られる。図表5-13に示した例は，らせん型カリキュラムの一般的な形式になっている。たとえば，就学前の幼稚園では，「天気は変わる」という概念を教えられる。低学年ではこの概念が更新され，「短期間での天気の状態の変化と，季節によるパターンと区別する」ことが付け加えられる。3～5年では，「気象の形態を区別する」ことが導入される…などである。

　残念ながら，多くの教育要領がらせん型には作られていない (kendall, Ryan, & Richarson, 2005)。それは，「データの分析と活用」のような心的手続きを含むものでもまったく同じである。すべての学年で，心的手続きをただ繰り返しているだけになっている。新分類体系は，規準を詳細に書くときに便利である。米国領サモアで開発さ

図表5-13 州の規準の例

規準1．大気循環プロセスと水の循環を理解する
レベル Pre-K：（就学前～幼稚園） 　1．天気を区別する語彙（雨，風，お天気など）を知る 　2．時間がたてば天気が変わることを知る 　3．季節が変わると周囲の自然も変わることを知る
レベル I：（幼稚園～2年生） 　1．短期の気象状況（温度，雨，雪など）は，毎日変わり，気象パターンは季節によって変わることを知る 　2．水は液体になったり個体になったり変化するが，その量は変わらないことを知る
レベル II：（3年生～5年生） 　1．水は大気中に異なる形態（雲，霧，小さな水滴，雨，雪，あられなど）で存在すること，さまざまな経緯で（凍結，凝縮，降水，気化など）その状態を変えることを知る 　2．太陽は地球の温度を維持するために必要な光と熱を提供していることを知る 　3．空気はわれわれのまわりに存在する物質で，空間を占め，風となって動くことを知る 　4．地表のほとんどは水で覆われていること，その水のほとんどが海の塩水であること，真水は川，湖，地下，氷河の形で存在することを知る
レベル III：（6年生～8年生） 　1．地球の大気の組成と構造（異なる層における温度と気圧，大気団の循環など）について知る 　2．水の循環のプロセス（気化，凝縮，降水，表面流出，浸水）について知る 　3．太陽が地表の現象（風，海流，水の循環，植物の成長など）の主要なエネルギーだということを知る 　4．地球の気候に影響をあたえる要因（大気の組成の変化，海水温の変化，隕石の衝突のような地形変化，氷河の成長と縮小など）について知る 　5．地球の回転軸の傾斜と地球の公転が季節や気候のパターン（公転によって太陽が地表の片側を集中的に温めるなど）ことを知る 　6．雲が天気や気候（降水，太陽光の反射，地表から放出される熱エネルギーの保存など）に影響することを知る 　7．水が地球のシステムに不可欠である理由（溶媒としての機能，ほとんどの地表温で液体であることなど）について知る
レベル IV：（9年生～12年生） 　1．風と海流がどのように地表に生まれるか（大陸，海，大気団によって温度が違うことの効果，海や大気における異なる気温や密度の層に対する重力の影響，地球の自転の影響など）を知る 　2．大気における熱とエネルギーの相互交換とそれによる天気や気候の変化（放射線，熱伝導，対流と移流など）について知る 　3．地球の内部・外部におけるエネルギー源（太陽は主要な外部エネルギー源であること，地球の組成による放射性同位体と重力エネルギーが主要な内部エネルギー源であることなど）を知る 　4．地球の生命の進化が地球の大気の組成によってどのように変わるか（光合成をする組織体の進化が現在の大気内の酸素のほとんどを生み出してきたことなど）を知る

れた規準を見てみよう。

　米国領サモアの数学の規準では，各文言の最後に，学年段階に応じた新分類体系のレベルを括弧でくくって示している。最初のグレードでは，対象を「並べ直す」，「表現し直す」，「比較する」という活動のためにさまざまなやり方を覚えなければならない。これはレベル1の「取り出し」に相当する。グレード2では，並べ直すことだけでなく，レベル3の「分析」の下位項目「分類」が行なわれる。すなわち，並べ直しに用いられた類型がどのように関連しているかを書くことが求められている。グレード3では，データを集めて，図にしたりグラフにしたりする（レベル2の「理解」）。そして，グレード4では，そのスキルを用いて，「予測」をする（レベル3の「分析」）。グレード3の期待はグレード2よりも低いレベルになっているが，学習内容はより難しくなっている。この本の「はじめに」で書いたように，分類体系のあるレベルの難しさは，課題の複雑さだけでなく，課題の対象となっている内容や操作をどのぐらい知っているかにも依存することがその理由である。レベル3の場合，分類体系上のレベルはグレード2よりも低いが，学習者は新しいスキル（データを収集して表現し直すこと）を習得することが期待されている。

　新分類体系は，学習者はどのように学ぶかをもとにして到達規準を改訂し，授業内容の順序を検討することに用いることができるし，そのように使われてきた。到達規準を作成する他の試みに対して，新分類体系を参考にすれば，内容がらせん型カリキュラムとなるように手を加えることができる。

　加えて，新分類体系は，到達規準の意図を明確にするのにも役に立つ。3つのシステム（認知，メタ認知，自律システム）のすべてで，情報の領域と手続きの領域が分けられている。この区別がどのレベルにも及ぶため，到達規準の内容が情報と手続きのどちらに対応するのかを選ばずにレベルを決めることはできない。これは，到達規

図表5-14　米国領サモアのらせん型カリキュラムにおける分類額のレベルの適用

	各学年段階の終わりに			
	グレード1	グレード2	グレード3	グレード4
図，グラフ，表によってデータを集める	学習者は，具体的な資料を使って，対象を並べ直し，表現し直し，比較する（レベル1．取り出し：再生）	学習者は，データを類型にあてはめて，その関係を書く（レベル3．分析：分類）	学習者は，単純なデータを集めて，それらを絵，表，図，棒グラフを用いて整理する（レベル2．理解：表現）	学習者は，データに基づいた表，図式，グラフを用いて予測し結果を導く（レベル3．分析：具体化）

米国領サモア（2004）から収録

準を開発するときにほとんど見過ごされてきた重要な点である。たとえば、次の到達規準を考えて欲しい。

　　インターネットの健康サイトの信頼性を評価することができる

　この到達規準は「知識の活用」の「意思決定」に相当する。しかし、何が学習されるかあいまいである。もう一度新分類体系によってこの到達規準を見てみると、この問題がクリアになる（図表5-15）。
　到達規準が情報と手続きのどちらに焦点を当てるかによって、指導、学習、評価の方法が変わる。もし、健康ウェブサイトの信頼性を判断するために何を探すべきかについての詳しい知識、あるいは基礎的な原則を知ることに到達規準の焦点が当たっているなら、指導と学習の重点は新しい情報を学ぶことにおかれることになる。しかし、到達規準の意図が、学習したプロセスを用いてウェブサイトの信頼性を評価できるようになる、ということであれば、指導の重点はサイトを評価するときに使えるテクニックや方略におかれる。同様に、評価方法も、サイトの信頼性を判断するためにどのようなプロセスを用いるかを説明するものになる。到達規準の焦点が明確になったら、それを受けて改訂することができる。まず、到達規準は次のように言い換えられる。

　　信頼できるインターネットの健康関連サイトに共通する特徴を知る

あるいは

　　インターネットの健康関連サイトの信頼性を判断するために、さまざまな基準を適用できる

図表5-15　知識の活用：意思決定

	情　報
詳細事項	詳細事項についての知識を意思決定に用いたり、詳細事項に関する意思決定を行なう
枠組み	一般概念や原理についての知識を意思決定に用いたり、一般概念や原理に関する意思決定を行なう
	心的手続き
スキル	心的スキルについての知識や心的スキルそのものを意思決定に用いたり、心的スキルに関する意思決定を行なう
プロセス	心的プロセスについての知識や心的プロセスそのものを意思決定に用いたり、心的プロセスに関する意思決定を行なう

図表5-14に示したように，到達規準の表現は変えずに，分類体系のレベルを明示するという方法も可能である。

　インターネットの健康関連サイトの信頼性を評価できる（意思決定：情報）

あるいは

　インターネットの健康関連サイトの信頼性を評価できる（意思決定：心的手続き）

到達規準の規準の文言を新分類体系に沿って見直してみることで，詳細な意図を明確にし，あいまいさがなくなるように，改訂することができる。

【要　約】

　この章では，新分類体系について，相互関連する3つの活用方法について述べてきた。1つめは，教育目標をデザインするためである。このとき，教育目標と指導目標，包括的目標の3つを区別する。2つめは，評価のデザインのために用いることである。教育目標が詳細に決まれば，それを評価すべきである。新分類体系の3つめの活用方法は，規準を明確にして州の教育要領を改善するためのツールとしてである。

(訳　注)

　全米教育目標達成状況報告書：アメリカでは，2000年までに達成すべき全国共通教育目標が，1989年に策定された。この報告書は全米教育目標についての達成状況調査に関するもので，1990年7月に委員会（全米教育目標審査委員会）が設置されて以降，毎年出版された。国家教育目標は，ブッシュ大統領時代は以下の1～6の6項目であったが，クリントン大統領時に2項目追加された。

1. 全米の子どもは全員学習する準備が整って（レディネスを身につけて）小学校に入学する
2. 高校の卒業率を最低90%にする
3. 本文を参照
4. 本文を参照
5. すべての成人は文字が読め，世界経済で相手をしのぎ，市民の権利と責任の行使に必要な知識技能を身につける
6. 学校は薬物，暴力，銃，アルコールから解放され，学習に向けた規律正しい場所になる。
7. 教員が，継続的に指導技術を高める研修プログラムを受け，子どもに次世代への準備をさせるために必要な知識と技術を身につける機会を提供する。
8. 学校は社会的，情緒的，学問的な子どもの成長に親が関与するように促す。

6章 カリキュラムと思考スキルの枠組みとしての新分類体系

これまでに述べたとおり，新分類体系は州の教育要領を再検討する目的だけでなく，教育目標をデザインしたり，評価したりするために活用することができる。また，カリキュラムデザインのための枠組みとしてそのまま活用することができる。

カリキュラムデザインの枠組み

学習コースや単元，授業の目標をデザインするために新分類体系を用いると，当然その目標を達成するために教えることになる。第二次世界大戦中のアメリカによる原子爆弾の使用に関する単元の目標が以下のとおりだとしよう。

目標1：長崎と広島への原子爆弾投下に関する重要人物について知ることができる。

目標2：原子爆弾投下の決定につながる主な出来事と，その決定が投下直後におよぼした影響について具体的に説明することができる。

目標3：原子爆弾投下の決定につながった信念と価値観について検討することができる。

最初の目標は，長崎と広島への原子爆弾の投下に関する重要な人物と出来事についての情報を「再認」することを求めるので，レベル1（情報の取り出し）に位置付く。2つ目の目標は，核兵器を用いることにつながった決定的な出来事の理解も含めて，全体的な「理解（統合）」を求めることになるため，レベル2（理解）に位置付く。レベル1の目標が断片的な知識を求めるのに対して，レベル2の目標は全体的な知識が求められる。2つ目の目標が具体的な説明を求めることを考えると，レベル2の「統合」と「象徴化」の両方の操作が求められる。事実，この目標は二重構造になっている。3つ目の目標はレベル4の「知識の活用」である。この目標は核兵器の使用につながる出来事を検討させるので，「意思決定プロセス」を用いることを求めてい

目標が明確になると，何を教えるべきか焦点を絞ることができる。また，明確に目標を示すことで，教える内容をどのように構成し，順序化するかを決定するのを助けることになる。ここで重要なことは，この方程式の解法は1つだけではないということである。授業を構成し，順序化する方法には，少なくとも3つのアプローチがある。

●アプローチ1：知識に焦点を絞る

　このアプローチは，まず知識を教えて習得させることを重視し，その後発展させ拡張させるやり方である。このアプローチによって構成された単元では，まずレベル1とレベル2（情報の取り出しと理解）を目標とする。このアプローチの暗黙の目標は新しい知識の獲得そのものだと言える。先述した例で言うと，アプローチ1の意図は，長崎，広島に対する原子爆弾の投下に関する重要な人物と出来事を再認できるようになる（目標1）だけでなく，この歴史上のエピソードの主な出来事を理解すること（目標2）である。この方法で構成された単元は，おおむね具体的なものから一般的なものへと進められていく。まず広島と長崎への核兵器の使用についての事項を学ぶ（目標1）。次に，核兵器の使用に至るまで，使用時，使用後の出来事について幅広く学び，このエピソードを整理するための枠組みを獲得する（目標2）。

　新分類体系におけるレベル3と4の目標は，レベル1とレベル2の目標をより深く理解するという意味で重要である。核兵器の例だと，その使用がごく限られた人々によって決定されたということと，その決定が彼らの価値観や信念を表しているということを学ぶ（目標3）。この目標を達成するために，以下のような課題に向き合うことになる。

　　原子爆弾を広島と長崎に投下することを最終決定をした人物たちの関係について見てきました。その委員会は他にどんな方法を検討したと思いますか。その選択肢を検討したときの基準は何だったでしょう。そして，どのような価値観が最終決定につながったのでしょう。

　この課題の目的は，広島と長崎での出来事に対する理解を深めることである。事実，この課題によって，この出来事に対する詳細で鮮明な理解に至るだろう。

●アプローチ2：問題に焦点を絞る

　先にみた3つの目標は，問題を中心にしてアプローチすることも可能である。その場合は，過去，現在，未来の問題についての論点や疑問を検討することに焦点が絞ら

れる。核兵器の例だと3つめの目標が授業の中心になるだろう。ここに焦点化するために，レベル3の課題が単元の最初に提示される。しかしアプローチ1の課題とは少し違った表現になるだろう。

　第2次世界大戦中の広島，長崎への原子爆弾の投下はごく限られた人物たちによって最終決定されました。この単元では，核兵器使用に関する人物や出来事を理解するだけでなく，この決定に至った価値観について理解することが課題です。さらに，その価値観が，今日においても影響を持っているかどうかについて検討することも求められます。もしあなたが，まだ影響があると考えるなら，それらがアメリカの統治者が下す政策決定にどのように影響しているのかについて説明しなさい。もし，現在には影響していないとするなら，今の価値観と第二次世界大戦当時の価値観がどのように違うのか説明しなさい。

　この課題を達成するためには，目標1と2も達成する必要があるが，学習を進めるための力は問題や中心的な疑問，つまり，「どのような価値観が核兵器の使用決定につながったのか，その価値観は今日も影響をもつか」である。WigginsとMcTighe (1998) はこのような疑問を「本質的問題」と呼び，学校を民主主義社会のための究極のツールとみた John Dewey (1916) の考えを踏襲している。このアプローチでは，高次な目標が低次な目標を習得する必要性を生み出す。つまり，目標1と2は目標3を達成するのに不可欠な要因なのである。低次の目標はその習得のみで完結するわけではない。

●アプローチ3：学習者の探究に焦点を絞る

　3つめのアプローチは，学習者の探究と分析に焦点を絞るものである。したがって，その教科領域の知識のみでなく，各自の探究も重視される。核兵器の場合，単元は以下のような課題から始めることになる。

　広島と長崎への原子爆弾の投下を最終決定した人物たちの関係について見てきました。その委員会は他にどんな方法を検討したと思われますか。その選択肢を検討したときの基準は何だったでしょう。そしてどのような価値観が最終決定につながったのでしょう。決定に至った評価基準についての結論が出たら，その価値観に賛成か，反対か，その理由も含めて説明しなさい。その価値観に賛成なら，それが正しいと思われる根拠を説明しなさい。反対であれば，あなたが賛成する価値観を示し，それに対する根拠を提示しなさい。

この課題は，アプローチ1の課題と明らかに似ているが，原子爆弾の使用を決定した人たちの価値観に対して賛成か反対を表明することが追加されている。この3つめのアプローチはレベル6（自律システム）の要素を含んでいて，重要性の検討（自律システムの4つの側面のうちのひとつ）が求められている。事実，このアプローチでは，明示するかどうかはともかく，次の4つめの目標をもつことになる。

目標4：長崎と広島に対する原子爆弾投下の決定に至った信念や価値観をもとに自分の信念や価値観を明らかにし，分析することができる。

● ツールとしての3つのアプローチ

それぞれのアプローチのやりやすさについて議論はあるが（Caine & Caine, 1991；Carnine, 1992；Carnine & Kameenui, 1992；Hart, 1983；Hirsch, 1987, 1996；Kameenui, 1992；Lindsley, 1972；Wiggins & McTighe, 1998 参照），われわれの立場はきわめて中立的である。3つのアプローチは，すべて妥当で，状況や学習者に合わせて用いるべきである。最終的に，教師は親や学校管理者，そして学習者のニーズに合わせて最も適切なものを選ぶ必要がある。

思考スキルカリキュラムのための枠組み

新分類体系がめざすカリキュラムのひとつは「思考スキル」のカリキュラムである。1章でも触れたが，Resnick（1987）は思考を教えるための理論的根拠についてまとめている。それ以来，この理論的根拠は他の研究者によって言い換えられたり，深められたりしてきた（Costa, 2001；Costa & Kalick, 2000, 2004；Halpern, 1996a, 1996b；Marzano, 1992；Marzano et al., 1988；Sternberg & Spear-Swerling, 1996）。思考を教える必要性はまた，これまでに開発された州や国の教育規準をみても明らかである（Marzano et al., 1999 を参照）。

新分類体系のそれぞれのレベルは，指導の対象とすべき特定のタイプの思考と対応づけられている。取り出し，理解，分析などの能力を伸ばすために，知識やスキルを教えるのである。このようなカリキュラムの具体例を説明する前に，思考を教えることに対するよくある批判について，知っておくのは重要だ。それは，人が自然に行なうことは教わる必要がないということである。もしもこの批判が事実であったとしても，自然にできることでも教えられることでより効果的にできるようになるということもまた，事実である。誰でも教えられることなく，呼吸することができる。しかし，

6章　カリキュラムと思考スキルの枠組みとしての新分類体系　147

より効率的で効果的な呼吸について教えることも可能なのである。これが，思考スキルカリキュラムの核心である。つまり，思考プロセスが生得的な能力であったとしても，そのプロセスをより効果的に実行するために教えることが可能なのである。多くの研究者が思考の非効率性について示してきた（Abelson, 1995；Johnson-Laird, 1985；Perkins, Allen, & Hafner, 1983）。この問題について救われるのは，日常的な推量には膨大なまちがいが含まれているという Gilovich（1991）の指摘である。そのうちいくつかは学問分野では偉大な思考家として知られる人たちのものなのである。たとえば，フランシス・ベーコンはイボは豚の脂肪でこすることで治ると信じていた。アリストテレスは子どもは強い北風の日に宿ると考えていた。私たちはみな奇妙なまちがいをしがちである。したがって，新分類体系で示した思考プロセスが当たり前なものであったとしても，それを明確に教えて練習させることは有効である。

　これから述べることの中では，さまざまな思考のために一連の手順やプロトコルを提供することを推奨することになる。認知心理学では，「プロトコル」という用語をその時どきに考えていることを語った言葉を表すのに用いる（Ericsson & Simon, 1980, 1984 参照）。しかし，この用語はまた心的手続き，あるいは運動の手続きの裏側にある手順やプロダクションルールを指すこともある。ここでは，後者の意味で使っている。つまり，知的処理を徐々に効率的に進められるようになる最初の段階を補助するために提示される，手順や発見的方法を意味している。これを目的にプロトコルを用いるとそれは効果的に考える能力を発達させ，伸長させるための強力な足場になる。この節では，「手順」，「プロトコル」，「方略」という言葉を同様の意味を持つ言葉として用いる。

●レベル1：取り出し

　「取り出し」は永続記憶から記憶を引き出し，作業記憶におとすことである。人は生まれながらにして情報の取り出しを行っているのは明らかだ。それでも，情報を取り出す能力を向上させるためにさまざまな技術が開発されてきた。それらのほとんどは，新しい知識を心的イメージや身体感覚，そして感情にもつなげる詳細化のプロセスを想定している（Hayes, 1981；Lindsay & Norman, 1977 参照）。韻をふんで覚える方法（Miller et al., 1960）や場所や地名にかけて覚える方法（訳注：基礎結合法）（Ross & Lawrence, 1968）などのような，多くの形式的な情報の取り出しシステム（それは記憶法と言われることもある）が開発されてきた。最もよく用いられてきた方法は連想結合法である。この方法では，学習者は覚えたい事項に対して心的なイメージをつくる。そして，そのイメージをそれぞれの事項に関係付けて物語のような形にするのである。

●レベル2：理　解

　理解には2つの操作が含まれている。統合と象徴化である。「統合」に重要なのは処理すべき情報の根本にある構造を認識することである。ディスコース（言説）分析の研究者たちは情報を整理するさまざまなパターンを示している（Cooper, 1983；Frederikse, 1977；Meyer,1975 参照）。

　3章で述べたとおり，学校で扱われる共通のパターンは，特徴パターン，時系列パターン，因果パターン，問題解決パターン，そして一般化パターンである（図表6-1）。

　これらのパターンを教えることは可能で，「統合」のプロセスに役立つものとして活用することができる。「統合」の際に用いる各パターンがもつ固有な特徴を教えることができるのである。これについて知っていれば，パターンの手掛かりを見つけるという単純な方法を学習者に示すことができる。一度，パターンを認識すれば，それは情報の整理や統合のための基礎となる。実際に，学習者に提示されるプロトコルは以下のようになる。

- 情報の中にあるパターンを見つけなさい。
- 使えそうなパターンを見つけたら，そのパターンを用いて，情報を整理しなさい。

図表6-1　整理のパターン

特徴パターン	人・場所・物・出来事についての事実や特徴をまとめる。順番は問わない。たとえば，エンパイアステートビルについての映画の中の情報として，高さ，建設年，部屋数などを，単純な特徴として整理するなど。
時系列パターン	出来事を起こったものの順に並べる。たとえば，本の中から，ジョンF.ケネディの暗殺された1963年11月22日から埋葬された25日までの出来事についてを扱った章を，時系列で整理するなど。
因果パターン	特定の結果につながる因果ネットワーク，あるいは特定の成果物をうみだす手順の系列をまとめる。たとえば，南北戦争を引き起こした出来事を，過程・原因パターンとして整理するなど。
問題解決パターン	情報から問題を特定し，それに対する解決策とともに整理する。たとえば，作文における多様な言葉遣いの間違いについての情報と，その修正の仕方を知って，それを問題・解決パターンに整理するなど。
一般化パターン	情報を帰納的に抽象化し，それを示す事実とともに整理する。たとえば，教科書の合衆国大統領についての章を読んで，「合衆国大統領は，しばしば強い権力をもつ家系から出る」というように抽象化し，それがあてはまる大統領の名前とともに整理するなど。

理解のプロセスにおける象徴化の方法もまた，明示的に指導することが可能である
(Clarke, 1991; Heimlich & Pittleman, 1988; Jones et al., 1987; McTighe & Lyman, 1988)。3章の
図表3-3で説明したように，整理パターンのそれぞれに対応するグラフィックオー
ガナイザーがある。グラフィックオーガナイザーは情報を象徴するのに用いられる。
グラフィックオーガナイザーではシンボルだけでなく言語も用いる。シンボルは本来，
抽象的なものである。抽象化のためには，グラフィックオーガナイザーだけでなく絵
記号も使える。絵記号は情報を表現するためにシンボルと簡単な絵を用いる。

● レベル3：分　析

分析には5つの心的プロセスが含まれている。比較，分類，エラー分析，一般化，
そして具体化である。「比較」と「分類」のためのプロトコルは特徴を見分けて分析
するという点でよく似ている。どちらに対してもまず，図表6-2に示すような明確
な手順が提示される。

図表6-2で示した方略はBayer (1988)，Halpern (1996a, 1996b)，Jones et al. (1985)，
Stahl (1985)，Taba (1967) によって提案された。人が比較や分類をきわめて自然にや
っていることは注目に値する。しかし，アメリカの子どもが比較や分類の課題をうま
くできないのも事実である。たとえば，1990年の全米学力調査では，アメリカの子
どもは，今の大統領とジョージ・ワシントンの主な権限を対比する課題に必要な基礎
情報が提供されたにもかかわらず，2つ以上の重要な特徴について答えることができ
たのは高校3年生の40％にすぎなかった (Mullis et al., 1990, p.24)。

情報領域の知識に対する「エラー分析」は論理的なまちがいを見つけることである。
このまちがいは議論の技術や科学についての理論家や専門家によって，整理され一覧
にされている (Johnson-Laird, 1983; Johnson-Laird & Bryne, 1991; Toulmin et al., 1981)。

図表6-2　比較と分類の手順

対応付け	分　類
比較する対象を選ぶ	分類する対象を選ぶ（1つでも複数でも）
比較するときに目をつける特徴を選ぶ。その特徴は，対象をよく表しており，深く理解するのに有用であることを確認しよう。	対象の特徴の中から決め手になるものを決める。それは，対象を対象たらしめている特徴である。
選んだ特徴に沿って，対象のどこが似ているかを書く。	対象が含まれる類型（カテゴリー）を明確にする。対象が，その類型の特徴を持っているかどうか確認する。
対象に対して考えたことをまとめる。	対象に対して考えたことをまとめる。

Marzano ら（2003）はこのエラーを図表6-3に示す大きな4つのカテゴリーに分類した。

図表6-3　4つのエラーカテゴリー

1. **論理のまちがいは7種類**
    - 矛盾：相矛盾する情報を提示してしまう。政治家が多選制限を支持する公約を発表していながら，多選制限を設定する修正条項に反対の投票をすると，この政治家は矛盾のまちがいを犯したことになる。
    - 偶然の一般化：例外をもとに論証していることに気づかない。たまたま金曜日が誕生日で素敵なレストランで食事をしている大統領を見かけたことで，大統領は金曜日にはいつも素敵なレストランで食事をすると考えると，それは偶然によるまちがいを犯したことになる。
    - 原因の誤認：出来事が起こった順序が乱れて因果関係がおかしくなったり，出来事の背景を単純化しすぎたりすることによって起こる。たとえば，ベトナム戦争が反戦運動によって終了したと考えるなら，それは原因の誤認をしたことになる。反戦運動が終戦と関係がなかったわけではないが，他にも相互に関連する原因があった。
    - 先決問題要求：主張の根拠が，主張の言い換えにすぎないことをいう。たとえば，ある洗剤が最もよい洗剤だと主張し，それが他の洗剤よりも優れているからだという理由を言ったとすると，それは循環論証を侵していることになる。
    - 論点回避：論点について触れないようにトピックを変えてしまう。不正送金疑惑について尋ねられているのに，報道の害について話し始めたとすると，それは論点回避をしていることになる。
    - 未知論証：主張の根拠が，対立する主張が立証されていないという場合。他の惑星には生物はいないと主張し，その理由はその他の惑星に生物がいることが証明されていないからだという場合，それは未知論証を犯している。
    - 合成／分割：一部しかわかっていないのに全体について主張するのが合成のまちがい（合成の誤謬）で，全体の傾向をもとにして，それがあてはまらない場合もあるのに，部分についてその傾向を主張するのが分割のまちがい（分割の誤謬）である。もし，一人の共和党員の汚職をみてすべての共和党員が汚職しているとすれば，それは合成の誤謬を犯している。民主党員はおおむね大きな政府を支持しているからといって，ある民主党員も大きな政府の支持者だと言ったとすると，それは分割のまちがいを犯している。

2. **攻撃は3種類**
    - 井戸に毒を入れる：説明しようとする立場に完全に入れ込んでいるため，自分と反対の立場の人が示すものすべてを否定する。このタイプの攻撃は自分の意見に対する反論については何も考えたくないという人間の性を表している。候補者が対抗馬に対してマイナスのことしか言わないとき，それは井戸に毒を入れていることになる。（訳注：本来の語源は，古代の戦争において，敵が責めてくる前に，飲用水の水源に毒を入れておくことで，敵の戦力を弱めることをいうという説がある。）
    - 人身攻撃：人の主張を，（真実でも疑惑にすぎなくても）その人への評価の低さをもって退けるとき，それを人身攻撃という。税制についての他の人の立場に，その人の道徳性の低さを引き合いに出して反対するとしたら，それは人身攻撃である。
    - 権威濫用：主張の妥当性に権威を用いる。もうじき行なわれる選挙の争点で反対の立場だからといって地主が立ち退きを要求するなら，それは権威濫用である。

3. **参照における弱点は5種類**
    - 偏見による判断：正しいと思っていることを支持する情報を受け入れ，それに反する情報は拒否する。DNA検査によって無実であることが示されているのに，ある人が犯罪を犯したと思うような場合，それは偏見の罪を犯している。

- 信頼性の欠如：対象となるトピックについて，信頼できない情報源を用いる。信頼性は客観的なものだが，信頼性を損なう特徴についてはほとんどの人の合意がある。情報源が偏見に満ちているとか，対象のトピックについての知識が少ないなどである。でっちあげの人目を引く記事で有名なタブロイド誌を引用して，政府が大気を汚染しようとしているということを主張するなら，信頼性の欠如に陥っている。
- 権威論証：論点に関して最後に権威を持ち出すことである。「社会主義は害悪だ」と言い，それが知事のことばを根拠にしているとき，それは権威論証である。
- 多数決論証：主張の正当性の根拠を，その人気に頼る。みんながしてるからへそピアスがしたいと子どもがいうとき，それは多数決論証を使っている。
- 同情論証：かわいそうな話を根拠に主張する。悲劇的な話をもちだして，戦争に対する意見に対して納得させようとする場合，それは同情論証を使っている。

4. 誤情報は2種類
- 事実の混乱：正しそうに見えるのにすでに正確ではなくなった情報を用いてしまう。重要な事実をとばしたり時間の順序を間違えた出来事をつかって主張すると，それは事実の混乱である。
- 概念や一般概念の誤用：概念や一般概念を誤解したり間違って使ったりして主張してしまう。トークショーの司会者が批判的な発言をしたら名誉毀損で逮捕されるべきだと主張するなら，それは名誉毀損という概念を間違って適用している。

　学習者が論理的なまちがいについておおむね理解しているなら，「エラー分析」のために次のプロトコルを示すことができる。

- 提示された情報にあなたの考えを変えようとする意図があるかどうか見極めなさい。
- 考えを変えようとする意図を感じるならば，普通じゃない情報や事実だと思うことに反する情報など，間違いに見えるものを探しなさい。
- 見つけた情報の背景にある考え方のあやまりを見つけなさい。
- あやまりを見つけたら，それをはっきりさせなさい。

　手続き的知識の場合，「エラー分析」は具体的な心的手続きや精神運動的手続きのまちがいを見つけだすことである。いつもまちがえる代数方程式の解き方を見直すとしたら，それは心的手続きのエラー分析に取り組んでいることになる。同様に，バッティングで望むような結果が得られないときに打ち方を見直すのは，精神運動手続きのエラー分析に取り組んでいることになる。このタイプのエラー分析のプロトコルは以下のように示すことができる。

- そのプロセスがうまく働いているのかどうかを判断しなさい。
- もし，うまく働いていないのであれば，手順を注意深く見直しなさい。それぞれの手順の目的を確認し，それをうまく実行できているのか検討しなさい。

- 他の手順の可能性も考えなさい。
- よりよい結果が得られるまで，それまでとは違う手順や方法を試しなさい。

「一般化」は情報や観察から，新しい一般概念や原理を推量することである。この知的活動に対しては，帰納的推論という視点からさまざまな議論が行なわれてきた (Halpern, 1996a, 1996b；Mayer, 1992参照)。しかし，よく推奨されるプロトコルはさまざまな知的活動を含んでいて包括的すぎる。新分類体系ではこの知的活動を分けて整理している（たとえば，分類と実験など）。一般化という用語が示すように，われわれは指導の重点を絞るためにやや限定的な見方をしている。一般化のために提示されるプロトコルは，以下のような要素を含んでいる。

- 情報や観察事項の特定の部分にだけ注目する。この時仮説をたてないようにしなさい。
- 情報同士の関係や，その情報が属するカテゴリーを見つけなさい。
- 見つけた関係や作成したカテゴリーをもとにして，一般原則を作りなさい。
- その一般原則が，情報にあうかどうか再検討しなさい。
- 必要に応じて一般原則を修正し，何か例外があれば明示しなさい。

「具体化」は既有知識や正しいと仮定した情報を使って，まだ明らかでない結論を推量することである。以下は具体化のプロトコルである。

- 現在の状況に適用できる一般法則を見つけなさい。その状況が見つけた法則のすべての条件にあてはまるかを確かめなさい。
- そのルールを適用した時に，事実でなければならないと思うこと，もしくは，起こるべきだと思うことはなんですか。
- 事実でなければならない，もしくは起こるべきだと思ったことが，本当に事実か，起きるかどうか確かめなさい。

この分析スキルのためのプロトコルがほとんどの学習者にとって新しいものなら，それを教えておく必要がある。Beyer (1988) は，思考プロセスは状況に依存しない形で指導されるべきであると主張している。指導は，プロセスを用いるべき内容ではなく，プロトコルに焦点化して行なわれるべきだという。反対に，Resnick (1987) と Glaser (1984, 1985) は，そのプロトコルは教科内容を分析することにおいてのみ，意味をなすと主張する。わたしたちはプロトコルを直接教えるという Beyer の主張に

賛同するが，思考のプロトコルは学習内容とともに教えることがもっとも適しているという立場をとる。この目的のために，次のような課題が示されることになる。

　ごみの蓄積がわたしたちの社会において大きな問題となってきている。ごみは有毒であったり，無毒であったり，処理が困難であったり，かさばったり，臭かったりすることがある。あなたは連邦政府によってこのようなさまざまなタイプのごみを分別するために組織された部局のメンバーだとする。この単元で学んだ情報を使って，ごみの分別システムをデザインしなさい。ただし，以下の内容を含めなさい。
- システムで分別するカテゴリーを裏付ける論理について説明しなさい
- それぞれのごみのカテゴリーに入るゴミのタイプについて根拠を示しなさい。
- なぜそのシステムがごみの危機的状況を解決できるのかについて説明しなさい。

この課題は対応づけのプロセスのみではなく，内容について学習することも求めている。

●レベル４：知識の活用

　「知識の活用」は特定の状況に知識を適用することである。知識活用のプロセスには意思決定，問題解決，実験，そして調査がある。
　「意思決定」は，初期段階では同じようにみえる選択肢の中からひとつを選ぶことである。数々の意思決定プロトコルが開発されている（Ehrenberg et al., 1979；Halpern, 1996a, 1996b；Marzano et al., 2003；Nardi & Wales, 1985；Wales & Stager, 1977 参照）。提案されたものをまとめると以下のようなプロトコルになる。

- 可能な選択肢や代替案を決めなさい。
- 良い決定が満たすべき基準を決めなさい。
- その基準にもっとも適した選択肢を決めなさい。

　このプロトコルを複雑にすると，基準の重み付けと，それぞれの選択肢が基準を満たす度合いの重み付けが入ってくる。つまり，最適な選択肢を量的に見積ることになる。以下がこの量的なアプローチのプロトコルである。

- 可能な選択肢や代替案を決めなさい。
- 良い決定が満たすべき基準を決めなさい。
- それぞれの基準について，重みを割り当てなさい（絶対に必要＝3，とても重要

だが不可欠ではない＝2，ある程度重要＝1)
- それぞれの選択肢がどれだけその基準を満たすかをもとにして得点を割り当てなさい。(基準を完全に満たす＝3，基準の本質的な項目のほとんどを満たす＝2，いくつかの項目は満たすが，本質的な項目はほとんど満たさない＝1，本質的な項目をまったく満たさない＝0)
- それぞれの基準の重み付けと，各選択肢の得点をかけ算しなさい。
- それぞれの選択肢ごとに，その結果を足し算しなさい。もっとも得点の高い選択肢がもっとも論理的な選択です。
- 選ばれた選択肢に対するイメージから，基準の重みや項目の追加，削除を行なうかどうか決定しなさい。
- 何かを変えたとすれば，最初に戻って計算し直しなさい。

「問題解決」はある特定の課題を達成するための障害を乗り越えるプロセスである。これは明らかに意思決定のプロセスと関係があり，通常は問題解決プロセスには意思決定が含まれる。しかし，意思決定プロセスに問題解決プロセスが含まれるとは限らない。問題解決のためのプロトコルは Marzano ら (2003) や Rowe (1985)，Sternberg (1986b)，Wickelgren (1974) などによって提案されている。以下のプロトコルはそれらを含んでいる。

- 目標を具体的な言葉で述べなさい。
- その目標を達成するための障害をリスト化しなさい。
- その障害を乗り越えるための選択肢のリストを作成しなさい。
- どの選択肢がもっとも成功するかを判断し，試してみなさい。
- 選んだ選択肢が成功しなかった場合，別の選択肢を試してみなさい。

Marzano et al. (2003) は新分類体系のメタ認知や自律システムの多くを含む，より強力なプロトコルを開発した。

1. 本当に問題があるのかを判断する。その問題が自分にとって重要か，無視できるものなのかを決める。
2. 実際に問題があると判断した場合，時間をとって次の信念を確認する。
    a. 多くの問題解決方法がある中でも，自分はひとつを選ぶことができるはずだ。
    b. それを探すときにおそらく支援が受けられる。
    c. この問題を間違いなく解決できる。

3. この問題に関して自問自答する。そして，自分が持っている考えをことばに表しなさい。
4. 自分の方法を妨げる障害を見つけなさい。なにが欠けているのか，欠けているものを埋めたり，障害を乗り越えるために可能な解決策を明らかにしなさい。
5. 見つけたそれぞれの解決方法について，どれがもっとも成功しそうかを検討しなさい。それぞれの解決策に必要となるリソースについて考え，それをどうしたら手に入れられるかを考えなさい。この段階で支援が必要になるかもしれません。
6. もっとも成功しそうで，失敗を許容できそうな解決策を実行しなさい。
7. その解決策がうまく行かなかった場合，考えを改め，考えた別の解決策に戻り，実行しなさい。
8. うまくいく解決策が見つからなかった場合，目標そのものを再評価しなさい。達成できそうな，もっと基本的な目標をみつけなさい。 (pp. 26-27)

「実験」は特定の物理的，心理的出来事に対する仮説をたて，検証するプロセスである。これまで説明してきたように，この知識活用のプロセスは，科学的研究や実験的研究などと同じである。しかしそれらにはつきものの形式的な証拠や報告などの厳しいルールはない。このプロトコルは Halpern (1996a, 1996b)，Marzano (1992)，Marzano ら (1988)，Mayer (1992)，その他によって提案されている。以下のプロトコルが提案された多くの要素を含んでいる。

- 興味のあるものを観察し，何が起きたかについて説明しなさい。観察したものから，どのようなルール，理論や一般概念が説明できますか。
- あなたの説明をもとにして，どのような予測をたてることができますか。どんな状況においてどのようなことが起きると考えますか。
- 予測をテストするための実験をデザインし，実行しなさい。
- あなたの説明に照らし合わせて，実験の結果を説明しなさい。実験の結果をもとにして，あなたの説明を変更する箇所がありますか。

「調査」は過去，現在，未来の出来事に対する仮説をテストするプロセスである。Marzano (1992) は調査の3つのタイプ，「歴史的調査」，「定義的調査」，「研究的調査」それぞれについて述べている。歴史的調査は「本当に起きたことはなにか」，「なぜ〜は起きたのか」というような疑問に答えるためのものである。研究的調査は，「もし〜だったらなにが起きるか，起こったはずだろうか」という疑問への回答のた

めの調査である。定義的調査では，「〜の重要な特徴はなんだろうか」「〜の決定的な特性はなにか」などのような疑問に回答する。以下のプロトコルが3つすべてのタイプの調査で用いられる。

- 目的を明確にしなさい。
  a. 概念を定義する（定義的調査）
  b. 過去の出来事を説明する（歴史的調査）
  c. 未来や仮説上の出来事（研究的調査）を定義したり，説明したりする
- すでに明らかになっていることや，合意されていることを見つけなさい。
- 混乱や矛盾を見つけなさい。
- 混乱や矛盾に対して，もっともらしい解決策を考えなさい。

「分析」プロトコルとまったく同じように，「知識活用」のプロセスも学習内容とともに教えられるべきである。たとえば，「実験」は以下のような課題を通して教えて強化すべきである。

　エレベーターについて興味を持ったものは何だろう。重力，エネルギー，動きについてこれまでに学習した原理を用いて気付いたことを説明しなさい。それらの原理について理解したことに基づいて，検証可能な予測をしなさい。その予測をテストしなさい。そのテストが完了したら，結果が予測にあてはまるのかどうかについて説明しなさい。報告には授業であつかった重力，エネルギー，動きについて具体的に書くように注意しなさい。また，以下の項目も含めなさい。
- 仮説の背景にある理論的根拠
- あなたの実験が，実際にどのように仮説をテストすることになるのか
- 検証結果は仮説とどう関係があるか

ここで重要なことは，この課題が，すでに学習した科学的原理といっしょに実験のプロセスに基づいて報告することを求めているということである。

●レベル5：メタ認知

「メタ認知」には4つのタイプの思考が含まれている。目標の具体化，プロセスモニタリング，明瞭性のモニタリング，そして正確性のモニタリングである。「目標の具体化」とは，目標を達成するための情報の理解や手続きと計画の実行に関する具体的な達成目標を設定することである。たとえば，ベルヌーイの定理を学期末までに理

解することにして，そのための計画をたてるとき，それは目標の具体化を行なっていることになる。目標をうまく設定することとそれを達成するためのプランについてはいくつかの面がある（Costa & Kallick, 2000, 2004）。たとえば，以下のように教える。

- 目標にはその完了を示す具体的で明らかな行動や出来事を含める必要がある。
- 目標にはそれがどのように達成されるのかという暗黙的，明示的な計画を含めるべきである。
- 計画には，その目標を達成するために何が利用できるかを明らかにしておかなくてはならない。
- 計画にはその進行具合を示すような中間目標を設けるべきである。
- 目標は，周りの状況の変化に合わせて頻繁に変更されたり修正されたりするべきである。

さらに，目標をどんな時に設定するべきかを教えてもよい。

- とくにやりがいのある課題に挑戦するとき
- 新しい技術を学ぶとき
- 新しい内容にとりかかるとき
- 課題への準備が充分でないと感じたとき

「プロセスモニタリング」は，目標達成に向けてどれくらいうまく進んでいるのかを常に気にしておくことである。プロセスモニタリングのやり方そのものを教えるために，その多くの特徴が明らかにされてきた（Costa & Kallick, 2000, 2004 ; Zimmerman et al., 1996）。たとえば，次のような一般的なプロトコルを示すとよい。

- 難しい課題にあたっているとき，定期的に立ち止まり，うまくいっているか，別の方法を取る必要はあるか，と自問自答しなさい。
- 定期的に目標達成にどの程度近づいているのかを検討しなさい。
- もし目標にうまく接近できていないと感じるなら，行動を止め，注意深く検討し，進行の予想がどの程度現実的かを見直しなさい。
- 定期的に目標を変更する必要があるかどうか考えなさい。

「明瞭性のモニタリング」と「正確性のモニタリング」はよく同時に指導される。効果的な思考は，明瞭で正確なものだという点で両者は明らかに関係している

(Barrell, 2003；Costa & Kallick, 2000, 2004；Halpern 1996a, 1996b)。明瞭性のモニタリングでは，以下のような情報や方略について指導される。

- 示されていることをはっきりわかっているか，自分が伝えることは明瞭かを自問自答し続けなさい。
- 自分が言いたいことが確かでないなら，心の中で練習しなさい
- 情報の意味がはっきりわからないなら，わかるまで質問しなさい。

正確性のモニタリングでは，以下のような方略を指導される。

- 何かを事実として述べる前に，それが正しいかどうかを確かめなさい。
- 何かが正確でないかもしれないと思ったら，「私の知る限りでは，正確だと思う」という断りをつけなさい。
- 事実か間違いかと単純に言い切るのではなく，どの程度確からしいかを伝える習慣をつけなさい。（例：これまで言ったことには自信があります，これから言うことについてはあまり確かではありません）

Halpern（1996a, 1996b）は，このプロトコルを理解し，活用するのに加えて，人が考

図表6-4 明瞭性と正確性に影響するまちがい

気づかなければならない明瞭性や正確性を妨害するもの	解　説
回帰の誤謬	測定時に異常値が出たら，次は通常，平均に近い普通の値が来る（ことに気づかない）。
同時発生の誤謬	2つそれ以上の独立した事象は，それぞれが個別に起こるよりも，同時に起こることの方がまれだ（ということに気づかない）。
基準確率の無視	特別な状態において起こることを予測するときに，その事象が含まれるカテゴリーで一般的・典型的なパターンを無視してしまう。
外挿の限界に対する無理解	何かの傾向に基づいて外挿（予測）することができるのは，観測したデータの範囲を超えない限りにおいてである，ということを看過してしまう。
生起確率の蓄積を考慮した危険見積調整の無視	まれにしか起こりそうにない事象でも，その生起確率は時間や（試行）回数が増えるにつれて増加していく，ことを看過してしまう。

（訳注→章末）

えるときの明瞭性と正確性を曇らせるものについて認識しておく必要があると主張している。これを図表6-4に示した。

●レベル6：自律システム思考

　自律システムの内部の働きについての授業を提供することは，ここ10年間でかなりの注目を集めている（Costa & Kallick, 2000；Goleman, 1995）。自律システムは4つの要素から構成されている。重要性の検討，有効性の検討，感情状態の検討，そして，意欲の検討である。

　「重要性の検討」は，ある話題や出来事がどの程度重要か，なぜそれが重要か，もしくは重要でないかを分析することである。そのためには，人が重要性をどのように確かめているのかについて，知っておく必要がある。とくに，どんなときも人は意識的・無意識的に目標を達成しようとすることを意識しておくとよい。Glasser（1969, 1981）が言うには，私たちは目標追究機構を持っている。その目標は，安全や充分な食事，快適などという基本的な人間の生理的欲求の時もあるが，より高いレベルの望みをかなえることの時もある（Maslow, 1968；McCombs, 1984, 1986）。この人の心の動きに気付いていれば，どんなときも自らの行動の目的を明確にするため，別の言い方をすれば，常に行動の到達点を明確にするための基本的な技術を教えることができる。この技術は，質問と回答という形にできる。つまり，「いまの自分の行動の結果は何か，それは自分の望むことか」という質問とそれに対する回答である。

　「有効性の検討」は，自分がある目標をどれくらい達成できると思うかについての信念の分析とコントロールである（McCombs, 1986；mcCombs & Marzano, 1990；McCombs & Pope, 1994；McCombs & Whisler, 1997；Zimmerman et al., 1996）。Seligman（1990, 1994）の研究は自己効力感を自己分析することを指導することと直接関係する。Seligmanは，まずはじめに自らの帰属傾向（成功や失敗を何のせいにしたか）を認識するべきだという。成功の要因がさまざまある中で，努力（もしくは努力する姿勢）がもっとも効果的である。もし努力が成功のもとだという信念を養うことができれば，やりがいのある課題に対する自己効力感を伸ばすことができるだろう。

　「感情状態の検討」は主に，人の思考や行動に対する感情の影響を認識することである（Goleman, 1995；LeDoux, 1996）。しかし感情の本質や機能はとても複雑で，それを教えるためには，4つの基礎的な感情（喜び，悲しみ，怒り，恐怖）の単純なモデルを示すのがよい（Marzano et al., 2005）。それぞれの感情は私たちがどのように考え，どのように動くかに影響する。この認識とともに，自分の思考や行動に対する感情の影響をモニタリングし，ネガティブな感情，とくに強い感情の影響を減らすための技術を示すことになる。したがって，以下のような質問が感情反応を認識し，可能であれ

ばコントロールするために提供される。

- とくに混乱していると感じたとき，何を考え，結果はどうなるかに気付く。それは，混乱していないときと同じか確認する。
- 混乱し，うまく考えられないと感じたとき，やっていることを少しおきなさい。そして，落ち着いたら元の作業に戻りなさい。
- もし，誰かと話しをしていて気持ちが混乱するなら，自分が言うことについて注意しなさい。感情の状態によって残念な意見を言ってしまうかもしれない。
- もしつねに混乱しているように感じたら，どうしてそういう気持ちになるのかを明らかにしてみなさい。

「意欲の検討」はある課題に対して，だいたいどの程度やる気を持っているのか意識することである。1章や2章でも触れたが，ある状況における意欲は，課題をどれくらい重要だと思うか，課題に対する有効性，そのときの感情的状態に複合的に影響を受けると考えられる。重要性，有効性，感情状態の検討は元来，意欲と連動している。しかし，意欲をそれらに支配されるものとしてではなく，意思決定が及ぶものとしてとらえたとき，調整可能な原動力としてコントロールできるようになる。学習者には課題の重要性，有効性，感情状態についての思考を意識することで，意欲をコントロールできるのだという考えを示すのが良い。以下のような問いを，全体的な意欲をモニタリングをする技術として示すことができる。「自分の意欲はこの状況で結果を出すのに充分高いか」，もしこの問いに対する回答が否定的なものなら，意欲を構成する，重要性，有効性，感情状態のうちどれかを変える必要がある。

【要　約】

　この章ではまず，新分類体系をカリキュラムデザインに適用することについて述べた。教育目標をデザインするためのツールとしてこの体系を用いると自然にそこにつながる。教育目標が作られれば，目標を達成させるためにどのようにカリキュラムをデザインするかという疑問が生まれてくる。ここでは，知識への焦点化，問題への焦点化，そして探究への焦点化という異なった焦点を持つ3つのモデルを提示した。新分類体系によってカリキュラムを作るもうひとつの方法は思考を教える枠組みとしての活用である。新分類体系におけるそれぞれのレベルと，各レベルに含まれるプロセスは教えるべきだし，教えることが可能なのである。

(訳　注)
1. 平均回帰の誤謬：テストでたまたま90点をとったとすると，次のテストでは90点かそれ以上をとれるような気がしてしまうことがある。しかし，実際にはより平均点に近い点数が出ることの方が多い。85点しかとれなかったときに，そのことを無視して，原因を勉強をなまけたせいにしたりすると，因果関係にまちがった信念がもちこまれることになる。
2. 同時発生の誤謬：55歳以上の男性の心臓疾患率が高いというとき，55歳以上の男性の心臓疾患率（a）よりも，55歳以上の人の心臓疾患率（b）と男性の心臓疾患率（c）の方が高い。逆に，55歳以上の男性の心臓疾患率 a は，b と c の積になる（$a = b \times c$）。
3. 外挿の限界の無理解：これから起こる事象を予測するのに，関連するデータの傾向は重要だが，それ以外の要因が関わってくるような場合には予測できなくなる。たとえば，ここしばらくの人口減少率だけをみると，今後の食糧生産量をますます減らすことが最適だと予測ができるが，2050年の人口は政策や社会環境の変更によって変わる可能性があるし，食糧の輸出入の関係でも食糧生産量は変動する。今あるデータから外挿が可能なのは，そのデータだけが有効で同じ状態が継続される場合のみだということが理解される必要がある。
4. 基準確率の無視：タクシー問題が有名。ある街のタクシーは緑か青で，緑が85%，青が15%だった。ある夜事故が起こり，目撃者は事故を起こしたのは青いタクシーだと証言した。この証言を検証するために，事故当時と同じ条件で視認テストをしたところ，正しく色を認識できる確率は80%で誤認する確率は20%だった。実際に事故を起こしたタクシーが青色だった確率はどれぐらいか。
　この問題に対する多くの人の解答は80%前後だが，実際には，12%である。色の不明なタクシーがそれぞれの色である確率と，青と判断したことの正誤確率からそれは求まる。表

を見れば，証言にかかわらず，実際に事故を起こしたタクシーが青色だった確率は12%しかない。つまり多くの人が，基準となるタクシーの台数比率を無視して，証言の確実性のみから判断したということになる（Kahneman & Tversky, 1972）。

Kahneman, D. and A. Tversky, 1972. On prediction and judgment. Oregon Research Institute Bulletin 12(4).

(基準確率) \ (特別な状態)	青いタクシーと判断したことが正しかった（実際に青色）	青いタクシーと判断したことがまちがっていた（実際には緑）
目撃したタクシーが緑である	85%×80%=68%	85%×20%=17%
目撃したタクシーが青である	15%×80%=12%	15%×20%=3%

5. リスク見積の調整：次のどちらを採用すればいいのかが問題。

まれにしか起こらない事象の生起確率はポアソン分布に従う。2011年から30年以内に東海地震が起こる確率は87%とされているが，その数値をポアソン分布に当てはめてグラフ化すると図のようになる。10年以内に起こる確率は約50%，10年以内に地震が起こらないで20年以内に起こる確率は約75%というように，徐々に確率が高くなっていく。

地震の生起確率

30年以内に起きる確率は87%（0.87）

確率

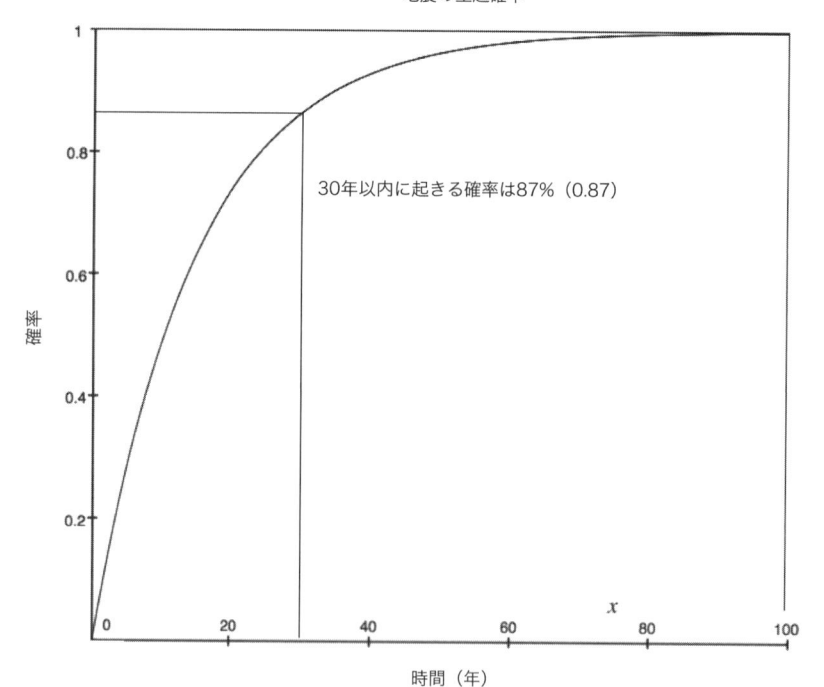

時間（年）

あとがき

　この本は，教育目標の新分類体系を示したものである。教育関係者は，この本にその方法が書かれていてもいなかったとしても，それを自分なりにうまく使ってほしい。さらに，新分類体系は，教育改革，特にメタ認知と自律システム思考に関連する議論についてのガイドとなる。これらのプロセスのためだけに目標をデザインするのではなく，それに関係する知識やスキルも明示的に教えることができるのである。新分類体系は，領域（メタ認知であろうと，自律システム思考であろうと，知識・スキルであろうと）にかかわらず，適用可能だと思うが，21世紀に必要な小学校〜高校の教育のスキルの領域に影響を及ぼすことができるポテンシャルを持っていると信じる。

参考文献

Abelson, R. P. (1995). *Statistics as principled argument*. Mahwah, NJ: Lawrence Erlbaum.
Aiken, F. (1991). *The nature of science*. Portsmouth, NH: Heinemann.
Ainsworth, L. (2003a). *Power standards: Identifying the standards that matter most*. Denver, CO: Advance Learning Press.
Ainsworth, L. (2003b). *Unwrapping the standards: A simple process to make standards manageable*. Denver, CO: Advance Learning Press.
Airasian, P. W. (1987). State mandated testing and educational reform: Context and consequences. *American Journal of Education*, 95 (3), 392-412.
Airasian, P. W. (1994). The impact of the taxonomy on testing and evaluation. In L. W. Anderson & L. A. Sosniak (Eds), *Bloom's taxonomy: A forty-year retrospective: Ninety-third yearbook of the National Society for the Study of Education* (pp. 82-102). Chicago: University of Chicago Press.
Ajzen, I. (1985). From intentions to actions: A theory of planned behavior. In J. Kuhl & J. Beckman (Eds.), *Action-control: From cognition to behavior*. Heidelberg, Germany: Springer.
Ajzen, I., & Fishbein, M. (1977). Attitude-behavior relations: A theoretical analysis and review of empirical research. *Psychological Bulletin, 84*, 888-918.
Ajzen, I., & Fishbein, M. (1980). *Understanding attitudes and predicting social behavior*. Englewood Cliffs, NJ: Prentice Hall.
Ajzen, I., & Madden, T. J. (1986). Prediction of goal-directed behavior: Attitudes, intentions, and perceived behavioral control. *Journal of Experimental Social Psychology, 22*, 453-474.
Amabile, T. M. (1983). *The social psychology of creativity*. New York: Springer.
American Samoa Department of Education. (April 2004). *Mathematics content standards for grades 1-12*. Pago Pago, American Samoa: Author.
Anderson, J. R. (1983). *The architecture of cognition*. Cambridge, MA: Harvard University Press.
Anderson, J. R. (1990a). *The adaptive character of thought*. Hillsdale, NJ: Lawrence Erlbaum.
Anderson, J. R. (1990b). *Cognitive psychology and its implications* (3rd ed.). New York: Freeman.
Anderson, J. R. (1993). *Rules of the mind*. Mahwah, NJ: Lawrence Erlbaum.
Anderson, J. R. (1995). *Learning and memory: An integrated approach*. New York: John Wiley.
Anderson, L.W., Krathwohl, D. R., Airasian, P. W., Cruikshank, K. A., Mayer, R. E., Pintrich, P. R., et al. (Eds.). (2001). *A taxonomy for learning, teaching, and assessing: A revision of Bloom's taxonomy of educational objectives*. New York: Longman.
Anderson, L. W., & Sosniak, L. A. (Eds.). (1994). *Bloom's taxonomy: A forty-year retrospective: Ninety-third yearbook of the National Society for the Study of Education*. Chicago: University of Chicago Press.
Baker, E. L., Aschbacher, P. R., Niemi, D., & Sato, E. (1992). *CRESST performance assessment models: Assessing content area explanations*. Los Angeles: University of California, National Center for Research on Evaluation, Standards, and Student Testing.
Bandura, A. (1977). Self-efficacy: Toward a unifying theory of behavioral change. *Psychological Review, 84* (2), 191-215.
Bandura, A. (1982). Self-efficacy mechanism in human agency. *American Psychologist, 37*, 122-147.
Bandura, A. (1991). Social cognitive theory of self-regulation. *Organizational Behavior and Human Decision Processes, 50*, 248 ~ 287.
Bandura, A. (1993). Perceived self-efficacy in cognitive development and functioning. *Educational Psychologist, 28*, 117-148.
Bandura, A. (1996). Ontological and epistemological terrains revisited. *Journal of Behavior Therapy and Experimental Psychiatry, 27*, 323-345.
Bandura, A. (1997). *Self-efficacy: The exercise of control*. New York: Freeman.
Baron, J. (1982). Personality and intelligence. In R. J. Sternberg (Ed.), *Handbook of human intelligence* (pp. 308-351). London: Cambridge University Press.
Baron, J. (1985). Assessing higher order thinking skills in Connecticut. In C. P. Kearney (Ed.), *Assessing higher order thinking skills* (ERIC/TIME Resort 90). Princeton, NJ: Educational Testing Service.
Baron, J., & Brown, R. V. (Eds.). (1991). *Teaching decision making to adolescents*. Mahwah, NJ: Lawrence

Erlbaum.
Barrell, J. (2003). *Developing more curious minds*. Alexandria, VA: Association for Supervision and Curriculum Development.
Beyer, B. K. (1988). *Developing a thinking skills program*. Boston: Allyn & Bacon.
Bloom, B. S. (1976). *Human characteristics and school learning*. New York: McGraw-Hill.
Bloom, B. S., Engelhart, M. D., Furst, E. J., Hill, W. H., & Krathwohl, D. R. (Eds.). (1956). *Taxonomy of educational objectivities: The classification of educational goals. Handbook I: Cognitive domain*. New York: David McKay.　B.Sブルーム他著, 渋谷憲一, 藤田恵璽, 梶田叡一訳（1974）『学習評価ハンドブック』第一法規出版
Bodrova, E., & Leong, D. J. (1996). *Tools of mind." The Vygotskian approach to early childhood education*. Englewood Cliffs, NJ: Prentice Hall
Braine, M. D. S. (1978). On the relation between the natural logic of reasoning and standard logic. *Psychological Review, 85*, 1−21.
Brandt, R. (Ed.). (1986, May). Frameworks for teaching thinking [Special issue]. *Educational Leadership, 43*(8).
Brown, A. L. (1978). Knowing when, where and how to remember: A problem of metacognition. In R. Glaser (Ed.), *Advances in instructional psychology* (Vol. 1, pp. 77−165). Hillsdale, NJ: Lawrence Erlbaum.
Brown, A. L. (1980). Metacognitive development and reading. In R. J. Spiro, B. C. Bruce, & W. F. Brewer (Eds.), *Theoretical issues in reading comprehension* (pp. 453−481). Hillsdale, NJ: Lawrence Erlbaum.
Brown, A. L. (1984). Metacognition, executive control, self-regulation, and other even more mysterious mechanisms. In F. E. Weinert & R. H. Kluwe (Eds.), *Metacognition, motivation, and learning* (pp. 60−108). Stuttgart, West Germany: Kuhlhamrner.
Brown, J. S., & Burton, R. R. (1978). Diagnostic models for procedural bugs in basic mathematical skills. *Cognitive Science, 2*, l55−192.
Bruner, J. (1960). *The process of education*. Cambridge, MA: Harvard University Press.
Buber, M. (1958). *I and thou*. NewYork: Scribner.
Caine, R. N., & Caine, G. (1991). *Making connections: Teaching and the human brain*. Alexandria, VA: Association for Supervision and Curriculum Development.
Calfee, R. C. (1994). *Implications for cognitive psychology for authentic assessment and instruction* (Tech. Rep. No. 69). Berkeley: University of California, National Center for the Study of Writing.
Calfee, R. C., & Hiebert, E. H. (1991). Classroom assessment of reading. In R. Barr, M. Kamil, P. Mosenthal, & P. D. Pearson (Eds.), *Handbook of research on reading* (2nd ed., pp. 281−309). NewYork: Longman.
Carnine, D. (1992). Introduction. In D. Carnine & E. J. Kameenui (Eds.), *Higher order thinking: Designing curriculum for mainstream students* (pp. 1−22). Austin, TX: Pro-ed.
Carnine, D., & Kameenui, E. J. (Eds.). (1992). *Higher order thinking: Designing curriculum for mainstream students*. Austin, TX: Pro-ed.
Carroll, J. B. (1964). Words, meanings, and concepts. *Harvard Educational Review, 34*, 178−202.
Carroll, J. B. (1993). *Human cognitive abilities: A survey of factor-analytic studies*. New York: Cambridge University Press.
Center for Civic Education. (1994). *National standards for civics and government*. Calabasas, CA: Author.
Chafe, W. L. (1970). *Meaning and structure of language*. Chicago: University of Chicago Press.　W・L・チェイフ著, 青木晴夫訳（1974）,『意味と言語構造』大修館
Clark, H. H., & Clark, E. V. (1977). *Psychology and language*. San Diego, CA: Harcourt Brace Jovanovich.
Clarke, J. H. (1991). Using visual organizers to focus on thinking. *Journal of Readers, 34*(7), 526−534.
Clement, J., Lockhead, J., & Mink, G. (1979). Translation difficulties in learning mathematics. *American Mathematical Monthly, 88*, 3−7.
College Entrance Examination Board. (1983). *Academic preparation for college: What students need to know and be able to do*. New York: Author.
Consortium of National Arts Education Associations. (1994). *National standards for arts education: What every young American should know and be able to do in the arts*. Reston, VA: Music Educators National Conference.
Cooper, C. R. (1983). Procedures for describing written texts. In P. Mosenthal, L. Tamor, & S. A. Walmsley (Eds.), *Research on writing* (pp. 287−313). New York: Longman.
Como, L., Cronbach, L. J. (Ed.), Kupermintz, H., Lohman, D. F., Mandinach, E. B., Porteus, A.W., et al. for

the Stanford Aptitude Seminar. (2002). *Remaking the concept of aptitude: Extending the legacy of Richard E. Snow*. Mahwah, NJ: Lawrence Erlbaum.
Costa, A. (1984). Mediating the metacognitive. *Educational Leadership, 42*(3), 57-62.
Costa, A. L. (1991). Toward a model of human intellectual functioning. In A. L. Costa (Ed.), *Developing minds: A resource book for teaching thinking* (Rev. ed., Vol. 1, pp. 137-140). Alexandria, VA: Association for Supervision and Curriculum Development.
Costa, A. L. (2001). *Developing minds: A resource book for teaching thinking* (3rd ed.). Alexandria, VA: Association for Supervision and Curriculum Development.
Costa, A. L., & Kallick, B. (2000). (Eds.). *Activating and engaging habits of mind*. Alexandria, VA: Association for Supervision and Curriculum Development.
Costa, A. L., & Kallick, B. (2004). *Assessment strategies for self-directed learning*. Thousand Oaks, CA: Corwin Press.
Covington, M. V. (1992). *Making the grade: A self-worth perspective on motivation and school reform*. New York: Cambridge University Press.
Csikszentmihalyi, M. (1990). *Flow: The psychology of optimal experience*. New York: Harper & Row.　M・チクセントミハイ著，今村浩明訳（1996）『フロー体験　喜びの現象学』世界思想社
Dale, E. (1967). Historical setting of programmed instruction. In P. C. Lange (Ed.), *Programmed instruction: Sixty-sixth yearbook of the National Society for the Study of Education, Part2* (pp. 28-54). Chicago: University of Chicago Press.
Davis, R. B. (1984). *Learning mathematics: The cognitive science approach to mathematics education*. Norwood, NJ: Ablex.
de Beaugrande, R. (1980). *Text, discourse and process: Toward a multi-disciplinary science of text*. Norwood, NJ: Ablex.
Deely, J. (1982). *Semiotics: Its history and doctrine*. Bloomington: Indiana University Press.
de Kock, A., Sleegers, P., & Voeten, J. M. (2004). New learning and the classification of learning environments in secondary education. *Review of Educational Research, 74*(2), 141-170.
Dennett, D. C. (1969). *Content and consciousness*. London: Routledge & Kegan Paul.
Dennett, D. C. (1991). *Consciousness explained*. Boston: Little, Brown.　ダニエル・C・デネット著，山口泰司訳（1998）『解明される意識』青土社
Dewey, J. (1916). *Democracy and education: An introduction to the philosophy of education*. New York: Macmillan.　J．デューイ著，松野安男訳（1975）『民主主義と教育〈上〉〈下〉』岩波書店
Eco, U. (1976). *A theory of semiotics*. Bloomington Indiana University Press.
Eco, U. (1979). *The role of the reader*. Bloomington: Indiana University Press.
Eco, U. (1984). *Semiotics and the philosophy of language*. Bloomington: Indiana University Press.
Education Commission of the States. (1982). *The information society: Are high school graduates ready?* Denver, CO: Education Commission of the States.
Education Testing Service. (1987). *Learning by doing: A manual for teaching and assessing higher order thinking in science and mathematics*. Princeton, NJ: Educational Testing Service.
Ehrenberg, S. D., Ehrenberg, L. M., & Durfee, D. (1979). *BASICS: Teaching/learning strategies*. Miami Beach, FL: Institute for Curriculum and Instruction.
Ennis, R. H. (1985). Goals for a critical thinking curriculum. In A. L. Costa (Ed.), *Developing minds: A resource book for teaching thinking* (pp. 54-57). Alexandria, VA: Association for Supervision and Curriculum Development.
Ennis, R. H. (1987a, Summer). A conception of critical thinking with some curriculum suggestions. *American Philosophical Association Newsletter on the Teaching of Philosophy*, 1-5.
Ennis, R. H. (1987b). A taxonomy of critical thinking dispositions and abilities. In J. Baron & R. Sternberg (Eds.), *Teaching thinking skills: Theory and practice* (pp. 9-26). New York: Freeman.
Ennis, R. H. (1989). Critical thinking and subject specificity: Clarification and needed research. *Educational Researcher, 18*(3), 4-10.
Ericsson, K. A., & Simon, H. A. (1980). Verbal reports as data. *Psychological Review, 87*, 215-251.
Ericsson, K. A., & Simon, H. A. (1984). *Protocol analysis: Verbal reports as data*. Cambridge: MIT Press.
Evans, J. St. B. T., Newstead, S. E., & Byrne, R. M. (1993). *Human reasoning*. Mahwah, NJ: Lawrence Erlbaum.
Fairbrother, R. W. (1975). The reliability of teachers' judgments of the ability being tested by multiple-choice items. *Educational Researcher, 17*(3), 202-210.
Fillmore, C. J. (1968). The case for case. In E. Beck & R. T. Harms (Eds.), *Universals in linguistic theory*

(pp. 1-210). New York: Holt, Rinehart & Winston.
Fitts, P. M. (1964). Perceptual-motor skill learning. In A. W. Melton (Ed.), *Categories of human learning* (pp. 107-131). New York: John Wiley.
Flavell, J. (1979). Metacognition and cognitive monitoring: A new area of cognitive-developmental inquiry. *American Psychologist, 34,* 906-911.
Flavell, J. H. (1976). Metacognitive aspects of problem solving. In L. B. Resnick (Ed.), *The nature of intelligence* (pp. 231-235). Hillsdale, NJ: Lawrence Erlbaum.
Flavell, J. H. (1977). *Cognitive development.* Englewood Cliffs, NJ: Prentice Hall.
Flavell, J. H. (1978). Metacognitive development. In J. M. Scandura & C. J. Brainerd (Eds.), *Structural-process theories of complex human behavior* (pp. 213-245). Alpen a.d. Rijn, the Netherlands: Sijithoff and Noordhoff.
Flavell, J. H. (1987). Speculations about the nature and development of metacognition. In F. E. Weinert & R. H. Kluwe (Eds.), *Metacognition, motivation and understanding* (pp. 21-29). Hillsdale, NJ: Lawrence Erlbaum.
Frankl, V. E. (1967). *Psychotherapy and existentialism.* New York: Pocket Books.
Frederiksen, C. H. (1975). Representing logical and semantic structure of knowledge acquired from discourse. *Cognitive Psychology, 7,* 371-458.
Frederiksen, C. H. (1977). Semantic processing units in understanding text. In R. O. Freedle (Ed.), *Discourse production and comprehension* (Vol. 1, pp. 57-88). Norwood, NJ: Ablex.
Furst, E. J. (1994). Bloom's taxonomy: Philosophical and educational issues. In L. W. Anderson & L. A. Sosniak (Eds.), *Bloom's taxonomy: A forty-year retrospective: Ninety-third yearbook of the National Society for the Study of Education* (pp. 28-40). Chicago: University of Chicago Press.
Gagne, R. M. (1977). *The conditions of learning* (3rd ed.). New York: Holt, Rinehart & Winston.
Gagne, R. M. (1989). *Studies of learning: 50 years of research.* Tallahassee: Florida State University, Learning Systems Institute.
Garcia, T., & Pintrich, P. R. (1991, August). *The effects of autonomy on motivation, use of learning strategies, and performance in the college classroom.* Paper presented at the annual meeting of the American Psychological Association, SanFrancisco, CA.
Garcia, T., & Pintrich, P. R. (1993, August). *Self-schemas as goals and their role in self-regulated learning.* Paper presented at the annual meeting of the American Psychological Association, Toronto, Canada.
Garcia, T., & Pintrich, P. R. (1995, August). *The role of possible selves in adolescents' perceived competence and self-regulation.* Paper presented at the annual meeting of the American Educational Research Association, San Francisco, CA.
Gentner, D., & Markman, A. B. (1994). Structural alignment in comparison: No difference without similarity. *Psychological Science, 5* (3), 152-158.
Geography Education Standards Project. (1994). *Geography for life: National geography standards.* Washington, DC: National Geographic Research and Exploration.
Gilovich, T. (1991). *How we know what isn't so.* New York: Free Press. T. ギロビッチ著, 守一雄, 守秀子訳 (1993)『人間この信じやすきもの: 迷信・誤信はどうして生まれるのか』新曜社
Glaser R. (1984). Education and thinking: The role of knowledge. *American Psychologist,* 39, 93-104.
Glaser, R. (1985). Learning and instructions: A letter for a time capsule. In S. F. Chipman, J. W. Segal, & R. Glaser (Eds.), *Thinking and learning skills: Research and open questions* (Vol. 2, pp. 609-618). Hillsdale, NJ: Lawrence Erlbaum.
Glaser R. & Linn, R. (1993). Foreword; In L. Shepard, *Setting performance standards for student achievement* (pp. xiii-xiv). Stanford, CA: Stanford University, National Academy of Education.
Glasman, N. S., & Pellegrino, J. W. (Eds.). (1984). *Review of Educational Research* [Special issue], *54* (4).
Glasser, W. (1969). *Schools without failure.* New York: Harper & Row.
Glasser, W. (1981). *Stations of the mind.* New York: Harper & Row.
Goleman, D. (1995). *Emotional intelligence: Why it can matter more than IQ.* New York: Bantam. ダニエル・ゴールマン著, 土屋京子訳 (1996)『EQ—こころの知能指数』講談社
Goodman Y. M. (1978). Kid watching: An alternative to testing. *National Elementary School Principal, 57,* 41-45.
Halpern, D. F. (1984). *Thought and knowledge: An introduction to critical thinking.* Hillsdale, NJ: Lawrence Erlbaum.
Halpern, D. F. (1996a). *Thinking critically about critical thinking.* Mahwah, NJ: Lawrence Erlbaum.
Halpern, D. F. (1996b). *Thought & knowledge: An introduction to critical thinking* (3rd ed.). Mahwah, NJ:

Lawrence Erlbaum.
Hart, L. A. (1983). *Human brain and human learning*. New York: Longman.
Harter, S. (1980). The perceived competence scale for children. *Child Development, 51,* 218-235.
Hayes, J. R. (1981). *The complete problem solver*. Philadelphia: Franklin Institute.
Heimlich, J. E., & Pittelman, S. D. (1988), *Semantic mapping: Classroom applications*. Newark, DE: International Reading Association.
Himsworth, H. (1986). *Scientifc knowledge & philosophic thought*. Baltimore: Johns Hopkins University Press.
Hirsch, E. D., Jr. (1987). *Cultural literacy: What every American needs to know*. Boston: Houghton Mifflin. E・D・ハーシュ著, 中村保男訳 (1989) 『教養が国をつくる―アメリカ建て直し教育論』ティビーエス・ブリタニカ
Hirsch, E. D., Jr. (1996). *The schools we need: Why we don't have them*. New York: Doubleday.
Holland, J. H., Holyoak, K. F., Nisbett, R. E-. & Thagard, P. R. (1986). *Induction: Processes of inference, learning, and discovery*. Cambridge: MIT Press. ホランド, J. H., ホリオーク, K. J., ニスベット, R. E., サガード, P. R著, 市川伸一ほか訳 (1991) 『インダクション：推論・学習・発見の統合理論へ向けて』新曜社
Johnson-Laird, P. N. (1983). *Mental models*. Cambridge, MA: Harvard University Press.
Johnson-Laird, P. N. (1985). Logical thinking: Does it occur in daily life? In S. F. Chapman, J. W. Segal, & R. Glaser (Eds.), *Thinking and learning skills: Research and open questions* (Vol. 2, pp. 293-318). Hillsdale, NJ: Lawrence Erlbaum.
Johnson-Laird, P. N., & Bynie, R. M. J. (1991). *Deduction*. Hillsdale, NJ: Lawrence Erlbaum.
Joint Committee on National Health Education Standards. (1995). *National health education standards: Achieving health literacy*. Reston, VA: Association for the Advancement of Health Education.
Jones, B. F., Amiran, M., & Katims, M. (1985). Teaching cognitive strategies and text structures within language arts programs. In J. W. Segal, S. F. Chapman, & R. Glaser (Eds.), *Thinking and learning skills: Relating instruction to research* (Vol. 1, pp. 259-295). Hillsdale, NJ: Lawrence Erlbaum.
Jones, B. F., Palincsar, A. S., Ogle, D. S., & Carr, E. G. (1987). *Strategic teaching: Cognitive instruction in the content areas*. Alexandria, VA: Association for Supervision and Curriculum Development.
Kameenui, E. J. (1992). Toward a scientific pedagogy of learning disabilities. In D. Carnine & E. J. Karneenui (Eds.), *Higher order thinking: Designing curriculum for mainstream students* (pp. 247-267). Austin, TX: Pro-ed.
Katz, J. (1999). *How emotions work*. Chicago: University of Chicago Press.
Kendall, J. S. (2000). Topics: A roadmap to standards. *NASSP Bulletin, 84* (620), 37-48.
Kendall, J. S., & Marzano, R. J. (2005). *Content knowledge: A compendium of content standards for K-12 curriculum*. Aurora, CO: Mid-continent Research for Education and Learning.
Kendall, J. S., Ryan, S. E., & Richardson, A. T. (2005). *The systematic identification of performance standards*. Aurora, CO: Mid-continent Research for Education and Learning.
Kintsch, W. (1974). *The representation of meaning in memory*. Hillsdale, NJ: Lawrence Erlbaum.
Kintsch, W. (1979). On modeling comprehension. *Educational Psychologist, 1,* 3-14.
Klausner, S. Z. (1965). *The quest for self-control*. New York: Free Press.
Klausmeier, H. J. (1985). *Educational psychology* (5th ed.). New York: Harper & Row.
Klausmeier, H. J., & Sipple, T. (1980). *Learning and teaching concepts*. New York: Academic Press.
Kleinsasser, A. (1991, September). *Rethinking assessment: Who's the expert?* Paper presented at the Casper Outcomes Conference, Casper, WY.
Krathwohl, D. R., Bloom, B. J., & Masia, B. B. (1964). *Taxonomy of educational objectives: The classification of educational goals. Handbook II: Affective domain*. New York: McKay.
Krathwohl, D. R., & Payne, D. A. (1971). Defining and assessing educational objectives. In R. L. Thorndike (Ed.), *Educational measurement* (pp. 17-45).Washington, DC: American Council on Education.
Kreitzer, A. E., & Madaus, G. F. (1994). Empirical investigations of the hierarchial structure of the taxonomy. In L. W. Anderson & L. A. Sosniak (Eds.), *Bloom's taxonomy: A forty-year retrospective: Ninety-third yearbook of the National Society for the Study of Education* (pp. 64-81). Chicago: University of Chicago Press.
LaBerge, D. L. (1995). *Attentional processing: The brain's art of mindfulness*. Cambridge, MA: Harvard University Press.
LaBerge, D., & Samuels, S. J. (1974). Toward a theory of automatic information processing in reading. In

H. Singer & R. B. Riddell (Eds.), *Theoretical models and processes of reading* (pp. 548-579). Newark, DE: International Reading Association.
Langer, E. J. (1989). *Mindfulness*. Reading, MA: Addison-Wesley.
Laufer, B., & Goldstein, Z. (2004). Testing vocabulary knowledge: Size, strength, and computer adaptiveness. *Language Learning, 54,* 469-523.
LeDoux, J. E. (1996). *The emotional brain: The mysterious underpinnings of emotional life.* New York: Simon & Schuster. ジョセフ ルドゥー著，松本元ほか訳（2003）『エモーショナル・ブレイン―情動の脳科学』東京大学出版会
Lindsay, P. H., & Nonnan, D. A. (1977). *Human information processing.* New York: Academic Press. P. H. リンゼイ，D. A. ノーマン著，中澤幸夫ほか訳（1983）『情報処理心理学入門1,2,3』サイエンス社
Lindsley, O. R. (1972). From Skinner to precision teaching: The child knows best. In J. B. Jordan & L. S. Robbins (Eds.), *Let's try doing something else kind of thing* (pp. 1-11). Arlington, VA: Council on Exceptional Children.
Madaus, G. F., & Stufflebeam, D. (Eds.). (1989). *Educational evaluation: Classic works of Ralph W Tyler.* Boston: Kluwer.
Mager, R. (1962). *Preparing instructional objectives.* Palo Alto, CA: Fearon.
Mandler, G. (1983). The nature of emotions. In J. Miller (Ed.), *States of mind* (pp. 136-153). New York: Pantheon.
Markman, A. B., & Gentner, D. (1993a). Splitting the differences: A structural alignment view of similarity. *Journal of Memory and Learning, 32,* 517-535.
Markman, A. B., & Gentner, D. (1993b). Structural alignment during similarity comparisons. *Cognitive Psychology, 25,* 431-167.
Markus, H., & Ruvulo, A. (1990). Possible selves: Personalized representations of goals. In L. Pervin (Ed.), *Goal concepts in psychology* (pp. 211-241). Hillsdale, NJ: Lawrence Erlbaum.
Marzano, R. J. (1992). *A different kind of classroom: Teaching with dimensions of learning.* Alexandria, VA: Association for Supervision and Curriculum Development.
Marzano, R. J. (1998). *A theory-based meta-analysis of research on instruction* (Technical Report). Aurora, CO: Mid-continent Regional Educational Laboratory.
Marzano, R. J. (2001). *Designing a new taxonomy of educational objectives.* Thousand Oaks, CA: Corwin Press.
Marzano, R. J. (2004). *Building background knowledge for academic achievement.* Alexandria, VA: Association for Supervision and Curriculum Development.
Marzano, R. J., Brandt, R. S., Hughes, C. S., Jones, B. F., Presseisen, B. Z., Rankin, S. C., et al. (1988). *Dimensions of thinking: A framework for curriculum and instruction.* Alexandria, VA: Association for Supervision and Curriculum Development.
Marzano, R. J., Gaddy, B. B., Foseid, M. C., Foseid, M. P., & Marzano, J. S. (2005). *A handbook for classroom management that works.* Alexandria, VA: Association for Supervision and Curriculum Development.
Marzano, R. J., & Kendall, J. S. (1996a). *A comprehensive guide to designing standards-based districts, schools, and classrooms.* Alexandria, VA: Association for Supervision and Curriculum Development.
Marzano, R. J., & Kendall, J. S. (1996b). *The fall and rise of standards-based education.* Alexandria, VA: National Association of State Boards of Education.
Marzano, R. J., Kendall, J. S., & Cicchinelli, L. F. (1998). *What Americans believe students should know: A survey of U.S. adults.* Aurora, CO: Mid-continent Regional Educational Laboratory.
Marzano, R. J., Kendall, J. S., & Gaddy, B. B. (1999). *Essential knowledge: The debate over what American students should know.* Aurora, CO: Mid-continent Regional Educational Laboratory.
Marzano, R. J., Paynter, D. E., & Doty, J. K. (2003). *The Pathfinder Project: Exploring the power of one: Teacher's manual.* Conifer, CO: Pathfinder.
Maslow, A. H. (1968). *Toward a psychology of being.* New York: Van Nostrand Reinhold. A.H. マスロー著，上田吉一訳（1998）『完全なる人間－魂のめざすもの』誠信書房
Mathematical Science Education Board. (1990). *Reshaping school mathematics.* Washington, DC: National Academy Press.
Mayer, R. E. (1992). *Thinking, problem solving, and cognition* (2nd ed.). New York: Freeman.
McCombs, B. L. (1984). Processes and skills underlying intrinsic motivation to learn: Toward a definition of motivational skills training intervention. *Educational Psychologist, 19,* 197-218.

McCombs, B. L. (1986). The role of the self-system in self-regulated learning. *Contemporary Educational Psychology, 11,* 314-332.
McCombs, B. L., & Marzano, R. J. (1990). Putting the self in self-regulated learning: The self as agent in integrating will and skill. *Educational Psychologist, 25* (1), 51-69.
McCombs, B. L., & Pope, I. E. (1994). *Motivating hard to reach students.* Washington, DC: American Psychological Association.
McCombs, B. L., & Whisler, J. S. (1997). *The learner-centered classroom and school.* San Francisco: Jossey-Bass.
McTighe, J., & Lyman, E. T., Jr. (1988). Cueing thinking in the classroom: The promise of theory embedded tools. *Educational Leadership, 45* (7), 18-25.
Medawar, P. B. (1967). Two conceptions of science. In P. B. Medawar (Ed.), *The art of the soluble.* London: Methuen.
Medin, D., Goldstone, R. L., & Markman, A. B. (1995). Comparison and choice: Relations between similarity processes and decision processes. *Psychonomic Bulletin & Review, 2* (1), 1-19.
Meichenbaum, D., & Asarnow, J. (1979). Cognitive-behavioral modification and metacognitive development: Implications for the classroom. In P. C. Kendall & S. D. Hollon (Eds.), *Cognitive-behavioral interventions: Theory, research, and procedures* (pp. 11-35). New York: Academic.
Mervis, C. B. (1980). Category structure and the development of categorization. In R. J. Spiro, B. C. Bruce, & W. E. Brewer (Eds.), *Theoretical issues in reading comprehension* (pp. 279-307). Hillsdale, NJ : Lawrence Erlbaum.
Meyer, B. J. F. (1975). *The organization of prose and its effects on memory.* New York: American Elsevier.
Meyer, C. A. (1992). What's the difference between authentic and performance assessment? *Educational Leadership, 49* (8), 39-40.
Miller, G. A., Galanter, E., & Pribram, K. H. (1960). *Plans and the structure of behavior.* NewYork: Holt, Rinehart & Winston.
Moseley, D. (n.d.). *Thinking skills taxonomies for post-16 learners: An evaluation: Revised version of first progress report to LSDA.* Newcastle upon Tyne, UK: University of Newcastle upon Tyne, School of Education, Communication and Language Sciences.
Mullis, I. V. S., Owen, E. H., & Phillips, G. W. (1990). *America's challenge: Accelerating academic achievement (A summary of findings from 20 years of NAEP).* Princeton, NJ: Educational Testing Service.
Murphy, P. D. (1974). *Consumer education modules: A spiral process approach.* Washington, DC: Office of Education, North Dakota State University, Fargo, Curriculum Development in Vocational and Technical Education.
Nardi, A. H., & Wales, C.E. (1985). Teaching decision-making: What to teach and how to teach it. In A. L. Costa (Ed.), *Developing minds: A resource book for teaching thinking* (pp. 220-223). Alexandria, VA: Association for Supervision and Curriculum Development.
National Association for Sport and Physical Education. (2004). *Moving into the future: National standards for physical education* (2nd ed.). Reston, VA: Author.
National Center for History in the Schools. (1994a). *National standards for history for grades K-4: Expanding children's world in time and space.* Los Angeles: Author.
National Center for History in the Schools. (1994b). *National standards for United States history: Exploring the American experience.* Los Angeles: Author.
National Center for History in the Schools. (1994c). *National standards for world history: Exploring paths to the present.* Los Angeles: Author.
National Center for History in the Schools. (1996). *National standards for history: Basic edition.* Los Angeles: Author.
National Commission on Excellence in Education. (1983). *A nation at risk: The imperative for educational reform.* Washington, DC: Government Printing Office.
National Council for the Social Studies. (1994). *Expectations of excellence: Curriculum standards for social studies.* Washington, DC: Author.
National Council of Teachers of English and the International Reading Association. (1996). *Standards for the English language arts.* Urbana, IL: National Council of Teachers of English.
National Council of Teachers of Mathematics. (2000). *Principles and standards for school mathematics.* Reston, VA: Author.
National Council on Economic Education. (1996, August). *Content statements for state standards in*

economics K-12. Unpublished manuscript. New York: Author.
National Education Goals Panel. (1991). *The national education goals report: Building a nation of learners*. Washington, DC: Author.
National Research Council. (1996). *National science education standards*. Washington, DC: National Academy Press.
National Standards in Foreign Language Education Project. (1999). *Standards for foreign language learning in the 21st century*. Lawrence, KS: Author.
Newmann, F. M., Secado, W. G., & Wehlage, G. G. (1995). *A guide to authentic instruction and assessment: Vision, standards and scoring*. Madison: University of Wisconsin, Wisconsin Center for Educational Research.
Nickerson, R. S., Perkins, D. N., & Smith, E. E. (1985). *The teaching of thinking*. Hillsdale, NJ: Lawrence Erlbaum.
Norman, D. A., & Rumelhart, D. E. (1975). *Explanations in cognition*. New York: Freeman.
Paivio, A. (1969). Mental imagery in associative learning and memory. *Psychological Review, 76,* 241-263.
Paivio, A. (1971). *Imagery and verbal processing*. New York: Holt, Rinehart & Winston.
Paris, S. G., Lipson, M. Y., & Wixson, K. K. (1983). Becoming a strategic reader. *Contemporary Educational Psychology, 8*(3), 293-316.
Paul, R. (1990). *Critical thinking: What every person needs to survive in a rapidly changing world*. Rohnert Park, CA: Center for Critical Thinking and Moral Critique, Sonoma State University.
Paul, R. W. (1984). Critical thinking: Fundamental to education for a free society. *Educational Leadership, 42*(1), 4-14.
Paul, R. W. (1986a, December). *Critical thinking, moral integrity, and citizenship: Teaching for the intellectual virtues*. Paper distributed at ASCD Wingspread Conference on Teaching Skills, Racine, WI.
Percy, W. (1975). *The message in the bottle*. New York: Farrar, Strauss & Giroux.
Perkins, D. N. (1984). Creativity by design. *Educational Leadership, 42*(1), 18-25.
Perkins, D. N. (1985). *Where is creativity?* Paper presented at University of Iowa Second Annual Humanities Symposium, Iowa City, IA.
Perkins, D. N. (1986). *Knowledge as design*. Hillsdale, NJ: Lawrence Erlbaum.
Perkins, D. N., Allen, R., & Hafner, J. (1983). Difficulties in everyday reasoning. In W. Maxwell (Ed.), *Thinking: The expanding frontier* (pp. 177-189). Philadelphia: Franklin Institute Press.
Pert, C. B. (1997). *Molecules of emotion: Why you feel the way you feel*. New York: Scribner.
Piaget, J. (1971). *Genetic epistemology* (E. Duckworth, Trans.). New York: Norton. ジャン・ピアジェ著, 滝沢武久訳（1972）『発生的認識論』白水社
Pintrich, P. R., & Garcia, T. C. (1992, April). *An integrated model of motivation and self-regulated learning*. Paper presented at the annual meeting of the American Educational Research Association, San Francisco, CA.
Poole, R. L. (1972). Characteristics of the taxonomy of educational objectives, cognitive domain: A replication. *Psychology in the Schools, 9*(1), 83-88.
Project 2061, American Association for the Advancement of Science. (1993). *Benchmarks for science literacy*. New York: Oxford University Press.
Reeves, D. B. (2002). *Holistic accountability: Serving students, schools, and community*. Thousand Oaks, CA: Corwin Press.
Resnick, L. (1987). *Education and learning to think*. Washington, DC: National Academy Press.
Richardson, A. (1983). Imagery: Definitions and types. In A. A. Sheikh (Ed.), *Imagery: Current theory, research, and application* (pp. 3-42). New York: John Wiley.
Rohwer, W. D., & Sloane, K. (1994). Psychological perspectives. In L. W. Anderson & L. A. Sosniak (Eds.), *Bloom's taxonomy: A forty-year retrospective: Ninety-third yearbook of the National Society for the Study of Education* (pp. 41-63). Chicago: University of Chicago Press.
Romberg, T. A., & Carpenter, T. P. (1986). Research on teaching and learning mathematics: Two disciplines of scientific inquiry. In M. C. Wittrock (Ed.), *Handbook of research on teaching* (3rd ed., pp. 850-873). New York: Macmillan.
Ross. J. A. (1988). Controlling variables: A meta-analysis of training studies. *Review of Educational Research, 58*(4), 405-437.
Ross, J., & Lawrence, K. A. (1968). Some observation on memory artifice. *Psychonomic Science, 13,* 107-108.
Rowe, H. (1985). *Problem solving and intelligence*. Hillsdale, NJ: Lawrence Erlbaum.

Rumelhart, D. E., & Norman, D. A. (1981). Accretion, tuning and restructuring: Three modes of learning. In J. W. Colton & R. Klatzky (Eds.), *Semantic factors in cognition* (pp. 37-53). Hillsdale, NJ: Lawrence Erlbaum.
Salomon, G., & Globerson, T. (1987). Skill may not be enough: The role of mindfulness in learning and transfer. *International Journal of Educational Research, 11,* 623-637.
Schank, R. C., & Abelson, R. (1977). *Scripts, plans, goals and understanding.* Hillsdale, NJ: Lawrence Erlbaum.
Seligman, M. E. P. (1990). *Learned optimism.* New York: Pocket Books.　M. セリグマン著，山村宜子訳 (1994)『オプティミストはなぜ成功するか』講談社
Seligman, M. E. P. (1994). *What you can change and what you can't.* New York: Knopf.
Shepard, L. (1993). *Setting performance standards for student achievement: A report of the National Academy of Education Panel on the evaluation of the NAEP trial state assessment: An evaluation of the 1992 achievement levels.* Stanford, CA: Stanford University, National Academy of Education.
Smith, E. E., & Medin, D. L. (1981). *Categories and concepts.* Cambridge, MA: Harvard University Press.
Snow, R. E., & Lohman, D. F. (1989). Implications of cognitive psychology for educational measurement. In R. L. Linn (Ed.), *Educational measurement* (3rd ed., pp. 263-331). New York: American Council on Education, & Macmillan.
Snowman, J., & McCown, R. (1984, April). *Cognitive processes in learning: A model for investigating strategies and tactics.* Paper presented at the annual meeting of the American Educational Research Association, New Orleans, LA.
Spearman, C. (1927). *The abilities of man: Their nature and measurement.* New York: Macmillan.
Stahl, R. J. (1985). *Cognitive information processes and processing within a uniprocess and processing within a uniprocess superstructure/microstructure framework: A practical information-based model.* Unpublished manuscript, University of Arizona, Tucson.
Stanley, J. C., & Bolton, D. (1957). A review of Bloom's taxonomy of educational objectives and J. R. Gerberich's specimen objective test items: A guide to achievement test construction. *Educational and Psychological Measurement, 17*(4), 631-634.
Sternberg, R. J. (1977). *Intelligence, information processing and analogical reasoning: The componential analysis of human abilities.* Hillsdale, NJ: Lawrence Erlbaum.
Sternberg, R. J. (1984a). *Beyond IQ: A triarchic theory of human intelligence.* New York: Cambridge University Press.
Stemberg, R. J. (1984b). Mechanisms of cognitive development: A componential approach. In R. J. Sternberg (Ed), *Mechanisms of cognitive development* (pp. 163-186). New York: Freeman.
Stemberg, R. J. (1986a). Inside intelligence. *American Scientist, 74,* 137-143.
Sternberg, R. J. (1986b). *Intelligence applied.* New York: Harcourt Brace Jovanovich.
Sternberg, R. J. (1987). Most vocabulary is learned from context. In M. G. McKeown & M. E. Curtis (Eds.), *The nature of vocabulary acquisition* (pp. 89-105). Hillsdale, NJ: Lawrence Erlbaum.
Sternberg, R. J., & Spear-Swerling, L. (1996). *Teaching for thinking.* Washington, DC: American Psychological Association.
Stiggins, R. J. (1994). *Student-centered classroom assessment.* NewYork: Merrill.
Taba, H. (1967). *Teacher's handbook for elementary social studies.* Reading, MA: Addison-Wesley.
Tennyson, R. D., & Cocchiarella, M. J. (1986). An empirically based instructional design theory for teaching concepts. *Review of Educational Research, 56,* 40-71.
Tilton, J.W. (1926). *The relationship between association and higher mental processes: Teachers College contributions to education, No. 218.* New York: Bureau of Publications, Teachers College.
Toulmin, S., Rieke, R., & Janik, A. (1981). *An introduction to reasoning.* New York: Macmillan.
Travers, R. M. W. (1950). *How to make achievement tests.* New York: Odyssey.
Turner, A., & Greene, E. (1977). *The construction of a propositional text base.* Boulder: The University of Colorado, Institute for the Study of Intellectual Behavior.
Tweney, R, D., Doherty, M. E., & Mynatt, C. R. (1981). *On scientific thinking.* New York: Columbia University Press.
Tyler, R. W. (1949a). *Basic principles of curriculum and instruction.* Chicago: University of Chicago Press.
Tyler, R. W. (1949b). *Constructing achievement tests.* Chicago: University of Chicago Press.
van Dijk, T. A. (1977). *Text and context.* London: Longman.
van Dijk, T. A. (1980). *Macrostructures.* Hillsdale, NJ: Lawrence Erlbaum.
van Dijk, T. A., & Kintsch, W. (1983). *Strategies of discourse comprehension.* Hillsdale, NJ: Lawrence

Erlbaum.
van Eemeren, F. H., Grootendorst, R., & Henkemans, F. S. (1996). *Fundamentals of argumentation theory: A handbook of historical backgrounds and contemporary developments*. Mahwah, NJ: Lawrence Erlbaum.
Wahba, N. A., & Bridwell, L. G. (1976). Maslow reconsidered: A review of research on the need of hierarchy theory. *Organizational Behavior and Human Performance, 15,* 212–240.
Wales, C. E., Nardi, A. H., & Stager, R. A. (1986). Decision making: New paradigm for education. *Educational Leadership, 43*(8), 37–41.
Wales, C. E., & Stager, R. A. (1977). *Guided design*. Morgantown: West Virginia University Center for Guided Design.
Wang, M. C., Haertel. G. D., & Walberg, H. J. (1993). Toward a knowledge base for school learning. *Review of Educational Research, 63*(3), 249–294.
Waples, D., & Tyler, R.W. (1934). *Research methods and teachers' problems: A manual for systematic study of classroom procedures*. New York: Macmillan.
Wickelgren, W. A. (1974). *How to solve problems*. San Francisco: Walt Freeman.
Wiggins, G., & McTighe, J. (1998). *Understanding by design*. Alexandria, VA: Association for Supervision and Curriculum Development. G. ウィギンズ・J. マクタイ著, 西岡加名恵訳 (2012)『理解をもたらすカリキュラム設計―「逆向き設計」の理論と方法』日本標準
Wilde, S. (Ed.). (1996). *Notes from a kid watcher: Selected writings of Yetta M. Goodman*. Portsmouth, NH: Heinemann.
Wood, B. N. (1923). *Measurement in higher education*. Yonkers-on-Hudson, NY: World Book.
Zimmerman, B. J., Bonner, S., & Kovach, R. (1996). *Developing self-regulated learners*. Washington, DC: American Psychological Association.

■人名索引■

● A
Airasian, P. W.　　2, 111, 112
Anderson, J. R.　　27, 35, 47
Anderson, L. W.　　9, 14, 16, 113, 118

● B
Bandura, A.　　55, 118
Beyer, B. K.　　45, 152
Bloom, B. S.　　1, 21, 39, 42, 111, 113
Brown, J. S.　　46
Bruner, J.　　137
Burton, R. R.　　46

● C
Calfee, R. C.　　132
Carroll, J. B.　　30
Clement, J.　　47
Cooper, C. R.　　41
Covington, M. V.　　54
Csikszentmihalyi, M.　　18

● D
Dewey, J.　　145

● F
Fitts, P. M.　　28
Flavell, J. H.　　18
Frederiksen, C. H.　　41

● G
Gagne, R. M.　　16, 25
Garcia, T.　　118
Gilovich, T.　　147
Glaser, R.　　14, 152
Glasser, W.　　159
Globerson, T.　　53
Goodman, Y. M.　　132

● H
Hayes, J. R.　　40
Hirsch, E. D.　　116
Holland, J. H.　　47, 48

● J
Johnson-Laird, P. N.　　48

● K
Kintsch, W.　　40
Kleinsasser, A.　　132
Krathwohl, D. R.　　113

● L
LeDoux, J. E.　　56
Linn, R.　　14

● M
Mager, R.　　113
Markman, A. B.　　44
Maslow, A. H.　　54
McTighe, J.　　145
Mervis, C. B.　　45
Meyer, B. J. F.　　41
Murphy, P. D.　　137

● N
Norman, D. A.　　44

● P
Paivio, A.　　40
Payne, D. A.　　113
Piaget, J.　　44

● R
Resnick, L.　　15, 146, 152
Rumelhart, D. E.　　44

● S

Salomon, G.　53
Seligman, M. E. P.　55, 159
Shepard, L.　134
Stahl, R. J.　45
Stiggins, R. J.　121, 132

● T

Taba, H.　137
Toulmin, S.　46

Travers, R. M. W.　111
Tyler, R. W.　2, 17, 112

● V

van Dijk, T. A.　40

● W

Wang, M. C.　117
Wiggins, G.　145

■事項索引■

●あ
アルゴリズム　29

●い
意思決定　50, 88, 153
　　情報と――　88
　　心的手続きと――　89
　　精神運動手続きと――　90
意思決定プロトコル　153
一般化　83, 152
　　情報の――　83
　　心的手続きの――　85
　　精神運動手続きの――　85
一般概念　23
意欲の検討　107, 160

●え
永続記憶　36
エラー分析　45, 81, 149
　　情報に関する――　81
　　心的手続きに関する――　82
　　精神運動手続きに関する――　83
演繹　48

●お
応用　6

●か
解釈　6, 42
外挿　6, 42
階層構造　58
学習された無力感　56
学習者の探求に焦点を絞る　145
カリキュラムデザイン　143
感覚記憶　35
感情状態の検討　56, 105, 159

●き
『危機に立つ国家』　3

帰納　47
教育目標　113
教育目標のデザイン　111
教育目標の分類体系　1
教師の観察　132

●く
具体化　86
　　情報の――　86
　　心的手続きの――　87
　　精神運動手続きの――　87
グラフィックオーガナイザー　41, 123, 149

●け
言語的媒介　28
原理　23

●こ
語彙　23
口頭報告　128
効力感　55

●さ
再構成　44
再生　37, 66
　　情報の――　66
　　心的手続きの――　68
　　精神運動手続きの――　68
再認　37, 64
　　情報の――　65
　　心的手続きの――　65
　　精神運動手続きの――　66
作業記憶　36
作文　127

●し
思考スキル　146
事実　23
実験　51, 93, 155

事項索引　177

　　　情報と——　94
　　　心的手続きと——　94
　　　精神運動手続きと——　95
実行　68
　　　心的手続きの——　69
　　　精神運動手続きの——　69
重要性の検討　54, 103, 159
詳細事項　25
　　　——の再生　66
　　　——の再認　65
常識的推量　38
象徴化　40, 72
　　　情報の——　72
　　　心的手続きの——　75
　　　精神運動手続きの——　75
象徴的記号　48
情報　22
　　　——と意思決定　88
　　　——と実験　94
　　　——と調査　96
　　　——と問題解決　91
　　　——におけるプロセスのモニタリング　99
　　　——に関するエラー分析　81
　　　——の一般化　83
　　　——の具体化　86
　　　——の象徴化　72
　　　——の統合　70
　　　——の比較　76
　　　——の分類　79
情報領域　64
自律システム　12, 54
自律システム思考　103, 159
自律段階　28
心的手続き　22, 27, 64
　　　——と意思決定　89
　　　——と実験　94
　　　——と調査　96
　　　——と問題解決　92
　　　——におけるプロセスのモニタリング　99
　　　——に関するエラー分析　82
　　　——の一般化　85
　　　——の具体化　87
　　　——の再生　68

　　　——の再認　65
　　　——の実行　69
　　　——の象徴化　75
　　　——の統合　71
　　　——の比較　78
　　　——の分類　80
心的プロセス　21

●せ
正確性のモニタリング　102
精神運動手続き　22, 30, 64
　　　——と意思決定　90
　　　——と実験　95
　　　——と調査　96
　　　——と問題解決　93
　　　——におけるプロセスのモニタリング　99
　　　——に関するエラー分析　83
　　　——の一般化　85
　　　——の具体化　87
　　　——の再生　68
　　　——の再認　66
　　　——の実行　69
　　　——の象徴化　75
　　　——の統合　72
　　　——の比較　78
　　　——の分類　80
宣言的知識　23, 27, 64
全体的な意欲の検討　57
選択肢方式　121

●そ
総合　7

●ち
知識　5
知識に焦点を絞る　144
知識の活用　50, 88, 153
知識のタイプ　24
調査　51, 95, 155
　　　情報と——　96
　　　心的手続きと——　96
　　　精神運動手続きと——　96
調整　44

●て
手続き的知識　27
転換　6, 42

●と
同化　44
統合　40, 70, 148
　　情報の——　70
　　心的手続きの——　71
　　精神運動手続きの——　72
取り出し　36, 64, 147

●に
認知システム　12
認知段階　28

●は
バグ　47
パフォーマンス課題　130

●ひ
比較　44, 76, 149
　　情報の——　76
　　心的手続きの——　78
　　精神運動手続きの——　78
評価　7
評価をデザインするツール　118

●ふ
ブルームの分類体系　1
プロセス（の）モニタリング　53, 98, 157
　　情報における——　99
　　心的手続きにおける——　99
　　精神運動手続きにおける——　99
プロダクション　27
プロトコル　147
分析　7, 44, 149
分類　45, 79, 149
　　情報の——　79
　　心的手続きの——　80
　　精神運動手続きの——　80

●ほ
方略　29

●ま
マクロ手続き　28

●み
ミクロ構造　38

●め
命題　26
命題のタイプ　26
明瞭性と正確性のモニタリング　53
明瞭性のモニタリング　100
メタ認知　97, 156
メタ認知システム　12, 52

●も
目標の具体化　52, 97
問題解決　50, 90, 154
　　情報と——　91
　　心的手続きと——　92
　　精神運動手続きと——　93
問題に焦点を絞る　144

●ゆ
有効性の検討　55, 104, 159

●り
理解　5, 39, 69, 148

●る
累加　44

●れ
連想結合法　147

●ろ　わ
論理的推量　38
枠組み　25
　　——の再生　67
　　——の再認　65

■新分類体系を活かす——訳者あとがきにかえて

黒上晴夫

■ブルームの分類体系と日本の授業設計

　ブルームの教育目標の分類体系は，評価問題を整理するという当初の目的を超えて，いつ何を何のために評価するべきかを決める枠組みとなった。それは，タイラーの学校学習の理論と結びついて，具体的には，単元の要所で診断テストを行ない，その時点でのつまずきを修正することで，より多くの子どもが学習内容を理解し教育目標を達成できるようにする「完全習得学習（マスタリーラーニング）」を生み出した。

　日本では近年，従来は主流であった相対的評価から，教育目標に照らした絶対評価を重視するように変わった。学習指導要領を必要最小限の学習事項を示すものとするという再定義と相まって，実質的に完全習得学習の考え方が今の教育活動のベースになっているが，目標の系統化がそのためには欠かせない。

　目標の系統化は，目標に準拠して教える内容を系統的に設計することをうながした。簡単な内容から徐々に難しく高次内容に移行していくように学習事項が組み立てられることで，効率的な学習が可能になる。内容は，どのような知識を獲得すればよいか，何ができるようになればよいかなどの目標と密接に関係する。ブルームの分類体系は，何をいつどのような順序で教えるべきかを決める枠組みとなった。

　ちなみに，ブルーム自身は3つの領域からなる分類体系のうち，認知的領域と情意的領域について，それぞれ第一著者，第二著者として関わっている。精神運動領域については，後継者たちが幾通りかの提案をしているが，定説には至っていない（表1）。

表1　3つの領域の分類体系

○認知的領域：知識・理解・応用・分析・総合・評価
○情意的領域：受容・反応・価値付け・価値の組織化・価値観の形成（訳語は黒上による）（Krathwohl, D. R., Bloom, B.S., & Masia, B. B.1964）
○精神運動領域：感覚による動き・行動の準備・構造化・円滑化・複雑な動き・明瞭化・個性化（訳語は黒上による）（Simpson, E. 1972）

　一方，教育評価の対象は，どうしても認知的領域に比重がかかる。それに加えて，情意的領域および精神運動領域の分類体系が1956年には提示されなかったためもあって，教育現場での活用も，認知的領域を中心に広がったといってよい。ブルームの6つの段階は，さまざまな形で利用された。

日本でも，目標分析によって学校全体のカリキュラムを構築する試みが行なわれている。ところが，日本での教育目標のとらえ方には，独自のものがあった。梶田 (1992, pp.80-81) は，次のように目標を分けた。

達成目標…特定の具体的な知識や能力を完全に身につけることが要求されるといった目標
向上目標…ある方向へ向かっての向上や深まりが要求されるといった目標
体験目標…学習者側における何らかの変容を直接的なねらいとするものではなく，特定の体験の生起自体をねらいとするような目標

達成目標は，完全習得学習の目標としての具体的な知識・理解・技能をさしており，学習を経て何が習得され何ができるようになるかが明確に記述される。明確であるためには，行動によって観察されなければならないため，行動の変容を具体的にとらえたものになる。

しかし，学校教育で育てるべき力は，そのようなものばかりではない。たとえば，「学級委員に選ばれたものの関心がなく懸命に取り組めなかったが，学級会を通じて関心をもつようになり意欲的に役割を果たそうとするようになる」というような変化は，学校教育では重要な目標である。教科内容に関する目標にも，「わからないことを積極的にわかるようになるまで取り組む」というような意欲や態度の変化をはじめとして，行動目標として記述できないものが多くあるし，それが大事にされている。そのような目標は，向上目標と呼ばれる。そして，これを徴候（シンプトム）として記述し，評価する試みが行なわれた。

さらに，学校には，見学，委員会活動，遠足，修学旅行など，教科内容と関連したりしなかったりするさまざまな体験を与える活動がある。これらも，教育活動の一環であるが，そこでは短期的に何かができるようになることは目標にならない。特別活動で行なわれる学習活動も，そのような特徴を持つ。

こうしてみると，ブルームの分類体系は，達成目標のみに適用可能だったのだといえる。向上目標を徴候として記述して評価する試みは，現在ではルーブリックとつながる考え方にみえるが，それと具体的な教科内容に関わる授業設計との間には距離があったように思われる。

■習得・活用・探究

学習指導要領では，教科と総合的な学習の時間における学力のとらえ方に関わって，習得，活用，探究，という概念が設定されている。教科内容の基礎的・基本的な事項

は，確実に習得すべき対象としてとらえられる。さらに，それらをレポートや論述などで表現することなどの形で活用することも求められている。また，課題を自ら設定して，調べてまとめて伝える活動を繰り返す探究が，主に総合的な学習で行なわれることも必須事項である（ただし，明確な対応付けではない）。

これを教育目標の視点からみると，習得が達成目標と関連が深いのは明白である。教科内容の中で，何を知識として記憶したり理解したりすべきか，どのような技能ができるようになるべきか，ということは達成されるべき行動として，明確に記述できる。「与えられた台形の底辺と上辺と高さを使って面積を求めることができる」とか，「設計図通りに部材を裁断することができる」というような目標がそれにあたる。

活用については，「活用型学力」という表現で目標がとらえられている。活用型学力とは，習得した知識・技能を複雑で実際的な場面において活用することができる力である。二院制について学習した上で，両院の議席数等を考慮しながら，ある法律が成立するか否かを予想するような活動では，活用型学力が期待される。これを，「（ある）法律が成立するかどうか論理的に予想することができる」とすれば，課題は比較的単純になり達成目標とみることができる。しかし，「政治に関心をもってニュースや新聞で重要な法案についての情報を集めるようになる」というようなことを期待するとき，それは向上目標といえるだろう。

探究に深く関わる総合的な学習の時間には，学習内容が明確に規定されていない。さらに目標についても，学習指導要領を踏まえて各学校で定めるとされている。ただし，どのような目標を立てるべきかについては，指導要領解説にヒントがある。それは，(1)横断的・総合的な学習や探究的な学習を通すこと，(2)自ら課題を見付け，自ら学び，自ら考え，主体的に判断し，よりよく問題を解決する資質や能力を育成すること，(3)学び方やものの考え方を身に付けること，(4)問題の解決や探究活動に主体的，創造的，協同的に取り組む態度を育てること，(5)自己の生き方を考えることができるようにすること，という5つの要素をすべて満たすということである。この5つのうち，(1)は学習のあり方を示すもので体験目標と考えてよい。その他は，向上目標とみるべきだろう。

■マルザーノの分類体系と達成目標・向上目標

マルザーノの教育目標の分類体系については，達成目標と向上目標の両方に対応づけられると考えている（表2）。先述のようにブルームの分類体系が達成目標の記述に焦点化されていたのに対して，マルザーノの分類体系は，メタ認知システム，自律システムという2つの系と，心的手続き，精神運動手続きという「知識の領域」をもつことによって，向上目標を記述することが可能になっている。

体験目標については、ブルームもマルザーノも対応しない。ただし、総合的な学習の時間の目標にあるように、「〜の体験を通して〜の力を身に付ける」というように記述すれば、そこに含まれることになる。

表2 分類体系と目標の対応

	ブルーム	マルザーノ
達成目標	○	○
向上目標	×	○
体験目標	―	―

向上目標となるのは、学習内容についての興味・関心や、学習する姿勢や向上心、学習の仕方などである。マルザーノの自律システム思考は、その課題を重要と思うか、達成可能か、どのような感情をもっているか、意欲はあるかを自己認識することである。まさにこのような意味でも向上目標と対応する。また、メタ認知システムは、学習の目標や計画を具体的に設定して、それがどのように実行されているかをモニタリングすることである。向上の具合をモニタリングするこのプロセスも、向上目標と直接対応する。

ものの見方や考え方なども、向上目標である。2つの事象を比較するときにどのように頭をはたらかせるか、たくさんのものをいくつかのカテゴリーに分類するときにどのように頭をはたらかせるか、というのは心的手続きに含まれる。

さらに、音楽や絵を鑑賞したり創造したりする力の多くの部分も、向上目標とみることができる。身体の運動についての目標も、より早く、より円滑に、より美しく動くというようなねらいをもつとき、向上目標となる。表現や運動は、精神運動手続きである。

このように、目標をメタ認知システム、自律システムという系に広げてデザインすること、目標の対象となる知識を、心的手続きと精神運動手続きにも広げてデザインすること、という2つの意味で、新分類体系は向上目標をデザインすることに活用できる。

■**新分類体系による目標デザイン**

本書には、米国で扱われる学習内容に基づいて、各教育目標の類型に対する事例が掲載されている。ここでは、日本での学習内容を対象として、目標をデザインしてみたいと思う。表3を見て欲しい。小学校6年生で扱う「条約改正」の授業についての目標である。明治維新を契機として、大日本帝国憲法の発布や政治制度の確立、経済面、文化面での欧米への接近、教育制度の確立、日清・日露戦争などによって日本の

新分類体系を活かす──訳者あとがきにかえて　183

国際的地位が上昇していく近代化の流れと，不平等条約である日米修好通商条約などを改正する試みとを関連させて，近代化を支えたさまざまな人々の努力と外交交渉の努力の結果，不平等条約を改正するにいたったことを理解させ，明治時代のイメージをつくりあげる単元である。

　この単元については，精神運動手続きの要素は考えにくいため，表3には情報と心的手続きの2つの知識の領域のみを示してある。

■授業の流れ

　それぞれの目標の意味を理解しやすいように，まず授業の流れについて示しておこう。5〜6時間程度の調べ学習を含む単元である。

学習活動1
- 日米修好通商条約などがどのような条約であったかについて確認する。
- ノルマントン号事件（ビゴーの風刺画）について知り，不平等条約を改正したいという願いについて知る
- 条約改正までの流れについて知る
- 問題の提示：「なぜ不平等条約を改正することができたのだろう」

学習活動2
- 岩倉使節団の様子について知る
- 年表や資料をもとに学習問題についての予想をたてる
- 年表，資料，インターネット等を用いて調べる

学習活動3
- 調べた結果をグループでコンセプトマップにまとめる（関係を示す線には，該当事項がどのような意味で条約改正に寄与したかを中心に記述する）
- コンセプトマップをもとに，条約改正の要因について発表する

■情報についての目標

　「取り出し」は，記憶された知識を再認・再生したり実行したりすることであった。学習活動としては，基礎的事項を記憶することが大前提である。要素的な「詳細事項」については，日米修好通商条約などの事項や条約改正に関わる岩倉具視，小村寿太郎，陸奥宗光などの人名，同時並行で起こった重要な歴史的事象が対象となる。まずこれらの名前を覚えるというのではなく，歴史の流れに位置づけながら，教師が教えたり，子ども自身に調べさせたりしながら習得させていく。

　情報には，原理や一般概念を表す「枠組み」が含まれる。「枠組み」に含まれるのは，不平等条約というのは帝国主義列強がアジア諸国に押しつけた対等でない不利な

関係のことだということがわかればよいだろう。一方、黒船に由来する他国の脅威との関連で、なぜそのような不利な条約を結ばざるを得なかったのかについても知識として持たせておきたい。

「理解」には、複雑な知識を変換したり要約したりして重要なものに絞る「統合」と、統合に基づいて知識を式や図などのイメージに変換する「象徴化」がある。7度に及ぶ交渉を経て、ようやく治外法権の撤廃と関税自主権の回復を実現できた流れを、言語的にまとめて説明することが「詳細事項」としての目標にできるだろう。一方、条約改正に関わる諸々の事項を、コンセプトマップ（事項同士の関係をネットワーク状に線で結び、その関係の意味を線上に記載した図）に描くことは「象徴化」の目標である。

「分析」は、比較、分類、エラー分析、一般化、具体化という5つの面を持つ。すべてを学習に組み入れる必要はない。ここでは、不平等条約とはどのような具体的な意味があったのかを示すことができるようになることを目標にしている（詳細事項）。日本の場合、治外法権、関税自主権の欠如が該当する。他国では、領土の割譲や租借などの問題もあり、それにも触れながら不平等条約の意味を押さえることも考えられる。「枠組み」においては、不平等条約によって、実際にどのような不利な事柄が起こったのかをおさえることが重要である。ノルマントン号事件はその象徴として導入教材として使われる。

「知識の活用」では、既習の知識（詳細事項、枠組み）や調べながら入手した知識をもとに、何が条約改正の要因になったのかを整理する。推論のためには、「欧米が対等な条約の締結を認めるとすれば、どのような国でなければならなかったか」という視点を持たせておくことが重要である。

情報についての「メタ認知」は、調査活動をマネージすることを対象に目標を設定している。調査課題を設定し、調査活動をモニタリングすることが目標になる。

最後の「自律システム」については、重要性、有効性、感情状態、意欲に関する自己認識が目標になる。それぞれを、条約改正の意義を感じること、調査課題を解決できると感じること、条約改正の学習について自分自身がどのような感情を持っていると感じるか、どのような興味・関心をもっていると感じるか、という項目を目標にしてある。どのように感じればよいということではなく、ただどのように感じているかを認識し、それを学習を前向きに進めるために活かすにはどうするかを検討するというような意味の目標である。

■**心的手続き**

心的手続きは、「心的スキル」と「心的プロセス」に分けられる。境界は明確では

なく，比較的単純な手順によるものを「心的スキル」と呼び，それらが組み合わさった複雑なものを「心的プロセス」と呼ぶ。

「心的スキル」の「取り出し」は，年表を正しく読んだり，資料から情報を書き写すような単純な作業を想定している。資料から情報を（選んで）抜き出すスキルは，それに比べるとやや複雑な感じはするが，関連を記述したりするようなより複雑な手順の前段階として，ただ必要なものを抜き出すというところに焦点をあてて，「心的スキル」の目標としている。「日米修好通商条約から条約改正までの年表に焦点をあてる」「条約改正の交渉についての項目を抜き出す」「条約改正に関わりがありそうな事項を抜き出す」というような手順がそれにあたる。「心的プロセス」については，調査活動を遂行する手順全般を目標としている。「必要なリソースを選んで必要な事項を抜き出す」，「入手した情報を適切に記録する」，「必要であれば情報のクロスチェックをする」，「情報同士の関連を検討する」，「複数の情報から言えることを表明する」というような一連の手順を取り出して実行することを目標としている。

「心的スキル」の「理解」は，要素的な心的スキルを少し抽象化して不要なものを削除したり単純にしたりできることをさしている。したがって，「取り出し」において目標とした「年表や資料から情報を取り出す方法を示して実行する」ことを一段抽象化したレベルでの注意事項に焦点をあてた。「いつのことかに気を配る」「出典はどこかに気を配る」など，情報を取り出すことに関わる注意事項が言えることを目標としている。「心的プロセス」については，学習活動3にある，コンセプトマップを描く場面の心的手続きを目標としている。コンセプトマップを描くときには，関連事項を適切に配置し，関連を線で表し，関連の意味を書き加える，という手順を理解することが目標となっている。

「心的スキル」の「分析」では，具体化に焦点をあてている。定義的な意味での具体化は，「情報」に関する「分析」に該当するので，ここではより具体的に意味を検討するための頭のはたらかせ方に焦点を当てている。すなわち，関税自主権がないということは具体的にどのような現象を生み出すのか，を考え出す手順のことである。①関税とはどのようなものか，②関税を決めるのは通常どちらの国か，③自主的に決められるときどのように決めるのか，④自主的にきめられないと誰にどのような不都合がおこるのか，というように論理的に検討していく手順を示せればよいことになる。「心的プロセス」の「分析」では，「エラー分析」に焦点をあてている。学習問題である条約改正の要因について，調べ学習の結果さまざまな意見がでることが予想される。それらについて，本当にそうかどうかを見極めるにはどうすればよいかを示せばよい。①時系列が適切か，②論理的に要因と言えるか，などの基準を示すことがそれにあたると考えられる。

「心的スキル」の「知識の活用」については，調査活動のときに使うリソースの使い方を対象とした。資料を調べるときにはどのような手順で資料を探し出し，どのように索引を利用し，どのように情報に辿り着くかという手順，あるいはインターネットの検索サイトを利用するときにはどのような手順を用いるかということが示せればよい。「心的プロセス」については，収集した情報を活用する手順に焦点をあてた。情報を組合せて一つの情報にし，新しい情報をもとに自分の意見を表明する手順が述べられればよい。

「心的スキル」についての「メタ認知」は，調査活動そのもののやり方を向上させることを目標にしている。また，「明瞭性・正確性のモニタリング」に対応させて，年表や資料を読み取るやり方について，曖昧なところがあるかどうかを自己認識させることを目標としている。「心的プロセス」に関しては，歴史について調べて自分の意見をまとめるプロセスを改善させることを目標にしている。また，その方法について曖昧な部分についての自己認識も目標としている。

「自律システム」については，「年表や資料を（適切に）読むことがどれぐらい重要だと感じているか」についての自己認識を「心的スキル」の目標とし，「歴史について自分の考えを表明することを重要だと感じるか」についての自己認識を「心的プロセス」の目標としている。

■新分類体系による目標の新しさ

新分類体系をもとにして目標を考えて見ると，従来は授業目標としてあがってこなかったことが，いくつかあることに気づく。

情報についてのメタ認知に関して，モニタリングでは，調査課題にどこまで迫れているかを示し，同時にその根拠を示すことを求めている。通常の学習活動では，調べ学習の途中でどこまでわかったのかをふりかえったり，その根拠を示すようなことは求めない。自律システムの目標についても，通常の学習ではあまりふり返る対象とはしない。しかし，教科の評価の観点には「興味・関心・態度」が含まれている。ここでは，「興味・関心・態度」についての自己認識を目標とするという角度からアプローチしている。

また，心的手続きの目標には，思考の手順についての気付きを目標とするものがいくつもある。情報を取り出す方法や注意事項，歴史について調べてまとめる方法，コンセプトマップを描く手順，具体的な意味を検討する手順，などである。コンセプトマップを描くという課題や具体的な意味を考えるという課題と，コンセプトマップを描く方法を述べたり具体的な意味を検討する方法を述べたりすることは，異なる課題である。後者を意識することで，考えるということはどういうことかが意識化される

新分類体系を活かす——訳者あとがきにかえて　187

表3　マルザーノの分類体系による「条約改正」の目標

	情報		心的手続き	
	詳細事項	枠組み	心的スキル	心的プロセス
取り出し (再認・再生・実行)	・条約改正に至る交渉の歴史的事実を知る ・条約改正に関連する歴史事象(大日本帝国憲法の発布,日清・日露戦争,産業の発達など)を知る ・関連する人名(陸奥宗光,小村寿太郎など)を知る	・不平等条約とはどのような条約かを知る ・なぜ不平等条約を結んだかを知る	・年表や資料から必要な情報を取り出す方法を示して実行する	・歴史について調べる手順を示して実行する
理解 (統合・象徴化)	・それぞれの交渉の結果をまとめて,条約改正までの歩みを説明する	・条約改正に関わる人々,歴史的事象等の関係をコンセプトマップに表す	・年表や資料から必要な情報を取り出すときに気をつけなければならないこととその理由を示す	・条約改正に関わる事項についてコンセプトマップを描く手順を説明する
分析 (比較・分類・エラー分析・一般化・具体化)	・不平等条約の具体的な意味(治外法権,関税自主権の欠如)を知る	・不平等条約によって,どのようなことが起こるのかを具体的に示す	・不平等条約の具体的な意味を検討するやり方を示す	・不平等条約の要因として適切か適切でないかを見極める方法を示す
知識の活用 (意思決定・問題解決・実験・調査)	・条約改正に関わる人々や歴史的事象についての知識をもとに,条約改正が成功した理由について調査し自分なりに整理する ・条約改正の交渉をする前提を予想する(国力の充実など)		・条約改正に関わる事項を調べるための資料やツールの使い方を示す	・収集した情報を組合せて課題を解決する方法を示す
メタ認知 (目標の具体化・プロセスのモニタリング・明瞭性のモニタリング・正確性のモニタリング)	・不平等条約締結時と条約改正時の日本の状況をもとに調査課題をつくる ・調査活動の進捗状況,どこまでわかったか,わかったことの根拠を示す		・年表や資料を読み取るやり方について目標を持ち,それを達成するための具体策を示す ・年表や資料を読み取るやり方について曖昧なところを示す	・歴史について調べてまとめるやり方について目標をもち,それを達成するための具体策を示す ・歴史について調べてまとめるやり方について曖昧なところを示す
自律システム (重要性の検討・有効性の検討・感情状態の検討・意欲の検討)	・条約改正の意義を感じることができる ・条約改正について設定した課題を解決できると感じる ・条約改正についての学習についての自分の気持ちを認識する ・条約改正の学習に興味・関心をもつ		・年表や資料を読むことがどれくらい重要だと感じるかを示す	・歴史について調べて自分の考えを表明することがどれくらい重要だと感じるかを示す

ように思われる。それはまた，それを向上させることを求めることにつながっている。すなわち，新分類体系によって目標をデザインすることで，向上目標への目配りがしやすくなる。

■**目標の系列**

一方，新分類体系ではわかりにくいものもある。ブルームの分類体系は，階層構造が明確だった。したがって，学習課題に応じて目標を分析することで，ある程度階層が見えていた。それはそのまま学習課題の順序を示すことになった。しかし，マルザーノの分類体系からは，その順序が明確には見えない。

確かに，認知システムを構成する「取り出し」「理解」「分析」「知識の活用」については，ある程度の階層や順序性がある。しかし，「メタ認知」や「自律システム」についての目標は，学習が始まる前や，学習の途中の随所に必要となる目標である。それをいつどこでどのようなかたちで自己認識させる課題として提示するか（例えば毎時の授業終了時にチェックシートでふりかえらせるなど），目標のデザインとは別に検討する必要があるように思われる。

〔参考文献〕

Krathwohl, D. R., Bloom, B. S., & Masia, B. B. (1964).Taxonomy of educational objectives : The classification of educational goals, Handbook II : Affective Domain. New York : David McKay.

Simpson, E. (1972).The classification of educational objectives in the psychomotor domain : The psychomotor domain. Vol. 3. Washington, DC : Gryphon House.

梶田叡一 (1992)『教育評価　第2版』，有斐閣双書

■訳者紹介■

黒上　晴夫（くろかみ　はるお）

1989年　大阪大学大学院人間科学研究科博士後期課程単位取得満了
現　在　関西大学総合情報学部教授
主著・論文
　思考ツールでつくる　考える道徳（編著）小学館，2019年
　子どもの思考が見える21のルーチン：アクティブな学びをつくる（共訳）北大路書房，2015年
　考えるってこういうことか：思考ツールの授業（共編著）小学館，2013年
　シンキングツール：考えることを教えたい（共著）NPO法人学習創造フォーラム，2012年
　小学校における情報教育の位置づけについての展望（単著）教育メディア研究19巻1号，pp47-57，2012年

泰山　裕（たいざん　ゆう）

2014年　関西大学大学院総合情報学研究科博士後期課程修了
現　在　鳴門教育大学大学院学校教育研究科准教授
主著・論文
　各教科等で指導可能な情報活用能力とその各教科等相互の関連：平成29・30年改訂学習指導要領の分析から　日本教育工学会誌44巻4号，2021年
　体系的な情報教育に向けた教科共通の思考スキルの検討：学習指導要領とその解説の分析から　日本教育工学会論文誌37巻4号，2014年
　シンキングツール：考えることを教えたい（共著）NPO法人学習創造フォーラム，2012年

教育目標をデザインする
授業設計のための新しい分類体系

2013年9月20日	初版第1刷発行	定価はカバーに表示
2021年4月20日	初版第2刷発行	してあります。

著　者　　R. J. マルザーノ
　　　　　J. S. ケンドール
訳　者　　黒　上　晴　夫
　　　　　泰　山　　　裕
発 行 所　㈱北大路書房

〒603-8303 京都市北区紫野十二坊町12-8
電　話　(075) 431-0361㈹
ＦＡＸ　(075) 431-9393
振　替　01050-4-2083

© 2013　　　　　　　　　印刷・製本／シナノ書籍印刷㈱
　　　　　検印省略　落丁・乱丁本はお取り替えいたします
　　　　　ISBN 978-4-7628-2816-4　　Printed in Japan

・ JCOPY 〈㈳出版者著作権管理機構 委託出版物〉
本書の無断複写は著作権法上での例外を除き禁じられています。
複写される場合は，そのつど事前に，㈳出版者著作権管理機構
(電話 03-5244-5088, FAX 03-5244-5089, e-mail: info@jcopy.or.jp)
の許諾を得てください。